本书受韩山师范学院专门史重点学科2018年"冲补强"专项经费资助

Ancient Athenian Assembly Study

古代雅典公民大会研究

周洪祥 著

人民出版社

序

这是一本论述古代雅典公民大会的专著。

雅典是人类自我管理的形式之一——民主政体的发祥地。如果从爱琴文明算起,在长约2000多年的时间里,古希腊人是唯一直接经历过人类社会各种政体的小民族。从个人独裁到极端民主政体的两级以及各种中间形态,他们不仅有过体验,而且还进行过认真的比较研究。所以古希腊就像是一座人类社会的政体实验室,验证过几乎所有治理方式的好坏优劣。

其中,大部分政体都不属于古希腊人的原创,如君主制、君主专制、寡头制、贵族共和制或这些制度的变种僭主制、勋阀制等,只有民主政体是古希腊人的发明,确切地说,是古代雅典人的发明,随后向其他城邦传布。但根据目前的史料,这一新颖的治理方式并未席卷所有城邦,只是一定时期的局部现象。古希腊人不得不在并存的多种政体中加以对比,分门别类地做出价值评估,并因此产生了一个新的知识学科——政治学。

从历史长时段看,古代民主制是世界史上的一种非常短命的制度,存在的时间满打满算仅300多年,属于距今2500—2200多年前的一个短暂的时段,仅限于地中海、黑海沿岸地区。其周围是贵族制、寡头制,尤其是君主制的汪洋大海,而且它远比古代君主制短命得多。有鉴于此,古希腊民主制是世界史上的一种与众不同的、脱离常态的特殊事物。顺便说一句,现代代议制民主存在的时间更短,仍然在经受时间的考验。

古代民主的这种脱离常态的特殊性,表现为古希腊政体并未像古代东方早期国家或晚期马其顿王国那样,权力日益集中于君主个人手中,形成彻头彻尾的"家天下";而是反方向运动,权力逐步下移,先贵族制,再民主制。这种异常的转变,需要有令人信服的解释。遗憾的是,目前这样的解释还没出现。

古希腊民主制的基本政治特征是人民(男性公民)集体主权与轮番而治。人民主权采取公民直接参与的方式,通过制度化的公民大会、公民法庭、议事会和各级民选政府行使直接选举、直接立法、司法、直接行政的公民权利。这与现代代议制民主有比较明显的区别。

古希腊民主当然也有一些代议的成分,因为公民大会不能天天召开,必须有人数较少的议事会在公民大会休会期间执行管理国家的职能,议员由抽签选举产生。公民大会还抽签选举或举手表决委托部分公民担任日常行政和军事指挥人员,也就是执政官、财务官、公卖官、骑兵将军等。

但总体说来,古希腊民主是直接民主制,同现代的代议制民主在性质上一致,因为两者都遵循同样的原则,确切地说,现代民主效仿古代民主的基本原则,这包括:

1. 都强调法律面前人人平等。

2. 在平等的原则下,都强调政治上的公民直接参与权、选举权和被选举权,包括理论上的任人唯贤、机会均等、政治知情权、政策的公开讨论、比例代表制。

3. 都实行文职政府控制军队、政教分离、对外开放的原则。

4. 在经济上强调社会保障权,国家必须考虑全体公民的福利。

5. 在社会结构上强调中产阶级的政治与社会稳定作用,这也是古希腊城邦的特点。

6. 在社会生活方面承认个人思想和言论的自由。这里需要说明,以贡斯当等人为代表的近现代学者对古代民主剥夺个人自由的说法是缺乏历史根据的。他们以苏格拉底之死作为证据,但苏格拉底在雅典宣传自己思想几十年,如果不是培养出两个颠覆雅典民主的政敌,并且恰好处于非常态的战争期间以及寡头政变之后,是不会被判处极刑的。他的学生柏拉图一贯彻底否定民主制,却能在雅典办学教书,表明雅典民主的开放与宽容。

7. 在承认个人自由的基础上,强调公民自立自强、奋发向上的个人奋斗精神,尊重他人的选择权利,也就是个人相对自由与宽容的精神。从这个意义上说,古代民主也是一种生活方式。

这一切都是古代民主的正面特征。现代民主基本继承了所有这些特征。这是古代民主与现代民主的相同之处。

这些特征也产生了一些非常积极的影响,意义最为深远的是思想文化的巨大成就。仅一两百万居民的古代希腊,相当于当代一座城市的人口数量,何以能出那么多的思想家、科学家、艺术家、戏剧家,众多现代基础学科的奠基人,也就是史学之父、哲学之父、政治学之父、戏剧之父、医学之父……而且大部分思想家与出色的知识分子都是民主样板国——雅典的公民或长期在雅典定居的异邦人,而实行军国主义和严格社会控制之后的斯巴达却没有一个彪炳史册的文化人。这显然同古代民主有着必然关系。如果联系到最近二百多年来世界政治史的走势,基本上是争取、建立与完善民主政治的主题,我们也可以说民主是古希腊文明对世界文明最大的贡献。

但也需指出,雅典的文化繁荣很容易造成一种误解,即把文化繁荣与民主政府的关系无条件地扩大到一种规律,即文化繁荣必须有民主制度的保证,那就大错特错了,因为这不符合历史事实。比如文艺复兴运动的发源地与集中地是意大利城市国家佛罗伦萨,这座城市主要由美蒂奇家族独裁统治。意大利文艺复兴最盛时,恰是劳伦佐个人统治之时。除了美蒂奇家族统治外,意大利文艺复兴以及法国、英国、荷兰文艺复兴运动都是在教皇、国王、领主们的资助与支持下展开的。中国历史上文化最活跃的春秋战国时期,印度最活跃的摩羯陀王国时期,也都是在君主制时期。谁都知道法国的路易十四时代、俄国的沙皇统治时期是艺术家、文学家、思想家层出不穷的时期。由此可见,民主与文化繁荣并无绝对的联系,主要在于统治者是否实行奖掖扶助与比较开明的文化政策。

上面提到的古代民主的正面特征也是它对其他政体形式的优越性。比如领导人的任期制、普选制、公开性,对个人独裁的终身制、世袭制、人治与封闭性来说,对于贵族寡头制的小圈子、世袭制、特权制来说,无疑具有更广泛的社会基础。从这个意义上说,说"民主是个好东西"是有道理的。

但人的能力是有局限的,民主作为人设计的制度,也同其他政体一样,具有一些固有的缺陷,这些缺陷就像人性恶一样,是可以抑制但难以消除的,在一定条件下会急剧放大,误国误民,因此民主并不像它的崇拜者所高度推崇的那样无懈可击,它搞不好也可能是个坏东西。

古希腊思想史上有一个耐人寻味的现象,就是凡大思想家,主要是享有民主权利的雅典知识分子,多对民主制持批评态度,这与今天的情况恰好相反。譬如古典最出色的历史家修昔底德、著名哲学家苏格拉底、色诺芬、柏拉图、亚里士多德,都属于批评雅典民主的阵营。其他有名的知识分子说民主好话的也不多。

在批评意见中,最有力的一种指责是:民主致使派系倾轧,选举迫使各派政治家取悦民众,放纵选民,导致多数人的暴政,和少数人或单个人的暴政没有区别。当然在这些批评家眼里,古代民主还有其他一些弱点,如选举贿赂,政治家没有操守,为个人私利而大肆蛊惑人心,业余人员治国,只顾眼前利益忽视长远利益等。

对于民主这些负面认识是随着公元前5世纪希腊各种政体的成型和多样化而展开的。希腊的一些有心人不仅认识到民主制特有的优点,也意识到民主难以避免的缺陷。他们的认识中特别值得注意的一点,就是他们已意识到不同政体之间存在着因果联系,即民主政治由于派别纠纷、多数人的暴政,会导致集权政治;集权统治的专断营私,则会引起贵族共和或民主。这就为后来希腊人关于各种政体互相转化、循环运动的系统认识奠定了思想基础。换句话说,在古代民主的批评者看来,每一种政体都有长处和短处,都可能产生一定时间的善政和最终的恶政,被其他政体所取代。所以民主制并非是完美的制度,更不是历史的终结,它是各种政体循环往复圆圈中的一个环节。

史学之父希罗多德是希腊思想家中很少见地偏向民主制的人。他认为民主制赋予社会成员平等权利,能够调动民众的积极性,增强政权的合法性。但希罗多德对民主制也非无条件肯定。在叙述米利都人阿里斯塔哥拉斯先到斯巴达求援碰壁、后至雅典如愿以偿一事时,他指出民主制的一个突出弱点,就是民众情绪易受能言善辩的政治家的影响:"显然愚弄多数人比愚弄一个人要容易。"这表明希罗多德时代的希腊人已经意识到群众的盲目性。

古希腊文中有个贬义词蛊惑家(demogogue),意思是为了私利,靠花言巧语蛊惑人民的政治家,蛊惑人民的主要方式是巧言令色的演讲。公元前5世纪,在引领人民的杰出领袖伯利克里死后,雅典政坛一度蛊惑家大行其道,要么用小恩小惠讨好人民,要么用漂亮的旗号掩饰自己的个人野心和私利。一般选民自然眼光短浅,乐意接受蛊惑家的小惠,结果造成一些致命的失误,比如被蛊惑家亚西比德煽动攻打西西里大邦叙拉古的冒险主义行动,致使雅典远征军全军覆没,从此在与另一霸主斯巴达的竞争中处于下风。后来又有几次民众上了蛊惑家的贼船,最终导致雅典丧权辱国的后果。

　　苏格拉底对蛊惑家的演说做过精彩的分析。他认为演说是一种说服的艺术,通过演说使听众接受自己的观点。演说家要达到说服的目的,就要说听众爱听的话,迎合听众心理,哗众取宠,竭尽哄骗之能事,最终引导听众投自己的票。苏格拉底把这种巧言惑众的做法比作厨师的"烹调术"和"奉承术"。

　　由于古希腊人经验的各种政体都不能令人满意,甚至不断出现危机,因此柏拉图经过冥思苦想,设计出一个理想的国家模型,在阐释这一政治空想的著作《理想国》中,他把民主制看作是多数人统治少数人的暴民政治,是花哨的、受人蛊惑的、华而不实的体制,社会自由放任,派争不断,这种极端自由的结果是极端的独裁。这一批评虽有夸张之处,但指出了民主的固有缺陷:多数对少数的统治,过度自由放任,派系斗争无所不用其极。

　　柏拉图的评价深刻影响到西欧近代革命和改良时代的体制设计师们以及美国建国时期的宪法设计师们,他们对古代民主普遍持否定态度,力求通过三权分立和代议制民主来既限制个人独裁又限制多数人的暴政,以保持各种政治力量的平衡。但目前还没有哪个民主国家彻底解决了政治家的蛊惑、派系倾轧之类民主的固有弊病。

　　古代民主政治还有一个不好的特征就是作为选民的人民从来不愿承认自己会犯错误,投错了票,选错了人,通过了带来灾难的政策。比如,在修昔底德的《伯罗奔尼撒战争史》中记载了一个典型例子:公元前413年,当雅典在西西里战败的消息传回雅典时,雅典人不敢相信这一消息。随后,整个灾难变成了现实,修昔底德写道:人们"对那些鼓动远征的演说家恼怒不已,好像他们[人们]没有[在公民大会上]参与表决似的"。

　　有句格言说:人民的眼睛是雪亮的。但人类历史的经验却表明人民的眼睛并不总是雪亮的,在相当多的情况下,往往是盲目的、短视的,因为大多数人民喜欢从个人利益出发去做出政治选择。其实所谓的公共利益并不绝对崇高,那不过是康德所说的个人私利集合的产物。所以"人民"这个概念需要具体情况具体分析。古代民主选举的过程与结果表明,在派别倾轧与政治家蛊惑的情况下,选举只是以选票取代了长矛,取代了个人独裁的宫廷密谋的一种权力分配方式,权力争夺的本质没有改变。结果多数选民往往根据个人利害,轻易地把国家权力赋予那些蛊惑人心或有才无德或有德无能的人物。比如雅典公民大会曾罢免并处罚了一心为公、极具政治才能的政治家伯利克里,也选出过有才无德的亚西比德担任远征军统帅,判处思想家苏格拉底死刑等。

如果仔细阅读批评民主的希腊思想家的作品,我们会注意到无论存在怎样的分歧,所有人都否定民主制最显著的弱点,即为了个人或党派的私利而讨好选民,把派别利益置于国家利益之上。由此出发,他们普遍认为一个良好的国家不能成为一个党派、一个阶级、一个利益集团或若干利益集团的工具。国家应该在社会各个利益集团中保持客观中立,追求超越阶级派别的道德目标。而好的政治家的责任是促使这些目标得以实现,通过教育对国民进行道德方面的引导,并进行正确的立法和选择合适的统治者。在他们看来,民主制未能做到这一点,因此属于非正常的政体。

古代民主还有一个很大的负面特征就是并非理论意义上的全体人民掌权,因为一个国家的公民分属不同利益集团,因此民主的决策方法只能采取少数服从多数的原则。用亚里士多德的话说:"多数人的意志就等于正义"。也就是说它从来不是全体人民的统治,而是多数的统治,少数人被统治。

但这个多数和少数在历史上还可具体分析。比如雅典政治家伯利克里给民主的定义是多数人的统治,亚里士多德也基本同意这个定义,但他加了一个阶级的属性,就是任何国家穷人是多数,因此民主本质上是多数穷人的统治。但问题并不这样简单。

当民主首先在雅典确立之后,在相当长的时间里,雅典做出决议的最高权力机关——公民大会的参加人数一般只是三千至五千人,是男性公民总人数的十分之一至七分之一。即使重大决议陶片放逐法要通过的票数也就是六千票,只是公民人数大约六分之一。其他十分之九或六分之五的公民是消极的选民,与决策与选举无关。因此这里的多数人的统治只是简单多数的统治,实际上是绝对少数人对绝对多数人的统治,不是真正的人民主权。

现代民主也有这种情况。以美国为例,每年总统大选的投票率在百分五十左右,胜出一方的选票一般只占选民总数的百分之二十六,克林顿、小布什、奥巴马、特朗普实际上是简单多数的总统,或少数公民的总统。除了24%投反对票的选民,还有约50%所谓消极选民。因此在西方民主制下,民主并非全体人民的主权,而是简单多数实际上是少数人的统治。多数人通常是不情愿的被统治者。

古代民主还有一个众所周知的负面特征,即它是男性公民的政治俱乐部,妇女、外邦移民、奴隶被排除在外。但这是时代的局限,并非严重的缺陷,因为现代民主也排除外来移民,也在长时间里剥夺妇女的参与权。所以古希腊的民主并不是现代意义上的民主,只是部分社会成员的民主,特别是部分男性公民集体的统治。但它在君主专制流行的古代世界,毕竟实现了由社会上相当多的一部分人普遍参与、集体领导、政事共商、轮番而治的原则,建立起了一个法治的、公民的社会,为后代留下了丰富的政治遗产,如差额选举制(解释)、比例代表制、任期制、罢免制等,成为具有深远历史意义和现实价值的文明成就。

以上对古代民主的概括介绍,是为读者阅读和理解本书提供一些较为宏观的背景知识。因为这本书只是择取雅典民主制这架大机器的一个主要部件加以深入细致的考察与解释,注意力集中在公民大会单一机构之上,论及它的历史沿革、内在结构、运行机制和主要职能。

值此专著出版之际,我为作者认真爬梳史料,努力做到言之有据有理,显示提出历史问题、有效地解决问题的专业功力而感到欣慰。是为序。

郭小凌

2019 年 9 月 3 日京师园

目 录

绪　论

　　习近平总书记在党的十九大报告中指出：我国社会主义民主是维护人民根本利益的最广泛、最真实、最管用的民主。发展社会主义民主政治就是要体现人民意志、保障人民权益、激发人民创造活力，用制度体系保证人民当家作主。我们要推进社会主义民主建设，但是我们并不照搬西方三权分立制度。有些学者认为中国古代也存在民主制度，但是中国古代实际上是民本，而非民主。一般认为，民主制度源于西方。20 世纪 90 年代，西方世界为纪念雅典民主政治诞生 2500 周年，举行了大规模的纪念活动，有关雅典民主政治的各种出版物也大量问世。雅典民主政治的特点及其对当代的意义得到了充分论证。民主制度可能不会放之四海而皆准，但是我们无法否认民主制度的优势。古希腊民主政治乃是西方民主政治的源头，因此要了解西方民主政治的发展，就一定要了解古希腊民主政治的历史，了解雅典城邦的民主政治。事实上，雅典民主政治一直是史学界研究的重要课题。许多西方古典学者认为现代西方的民主与自由传统源于古代希腊，并且必将在全人类范围取得终极的胜利。因此，如何全面认识古代希腊，尤其是雅典的民主制度，对于我们认清现代西方民主制度的起源及其现实意义就有着不可估量的价值。

　　日渐重视并扩展直接民主的运用，是国外政党党内民主发展呈现的一个重要趋势。直接民主是一种由普通党员直接参与决定政党自身事务的民主形式，它的运用主要集中在两大领域：人事领域与政策领域。

　　人事领域内直接民主的运用主要采用投票形式，即由党员一人一票决定重要的人事任命，其中主要涉及政党自身官员与公职候选人选拔，如领袖、政党中央机构成员及议员或总统候选人由党员投票产生。政策领域的直接民主表现在两方面：一方面是党员以各种形式直接参与决策过程，例如，党员直接参加政策讨论，或通过投票对政策草案表达意见，政党汇总其意见进行政策制定与修订；另一方面是全党公决，即政党将重大决策付诸全体党员一人一票表决，以决定政策出台与否，例如，英国工党曾就是否修改党章，是否批准选举宣言等举行全党公决。

直接民主日渐受到政党重视的原因是多重的，其一与直接民主本身具有的优点密切相关。例如，它可回应党员的参与诉求，促进党员的参与积极性；可因参与人群扩大而提高党内权力运作的合法性；因无代表这一中间环节，可减少代理成本，并使党员意愿获得充分表达；可因投票人数大增而提高贿选成本，因而有助于减少贿选；等等。此外，国家治理中直接民主的运用渐增，如不少国家以全民公决形式来做重大决定，也对党内直接民主发展起了推动作用。国家层面直接民主的运用一定程度折射出民众对传统政党政治及代议制民主的不信任，因而扩大党内直接民主，提高自身合法性，也是政党对此做的一种回应。

不过，在此还须了解一个问题，即政党在运用直接民主时，是否对其设置附加条件以及设置怎样的附加条件。所谓设置附加条件，是指政党对党员行使直接民主权利的前提与结果加以约束，以此引导和控制由直接民主行使所产生的后果。

具体而言，政党在人事领域对党员直选所设的附加条件主要有两类，一是对选举人与被选举人的资格进行限制。在选举人资格方面，例如，政党要求参与投票的党员须达到一定党龄，以避免出现"瞬间党员"，意在维护政党同一性。在被选举人资格方面，政党通过资格设定、初选、配额制等手段，预设党员的投票对象范围。

另一类附加条件是以各种方法限制党员直选的效用。其中一种方法是规定直选的权重。此外，政党采取的限制方法还包括赋予中央对党员直选产生的公职候选人以管理权，如中央有权决定把候选人放在安全选区、目标选区还是边缘选区；有权决定候选人在政党名单中的排位；有权否决直选产生的候选人等，这些都可影响候选人当选的前景。

政党对人事领域的直接选举设置的各类附加条件，有的起到一种门槛作用，有的可平衡党内不同群体的要求，有的则对投票结果起一种校正作用。政党对直接民主的这种干预，其意在筛选出符合组织要求的候选人，同时也使候选人因对组织有依赖，使其行动更有可能与政党保持一致。

就政策领域而言，党员对政策制定过程及结果的直接参与决定也受到限制。例如，政党并非把大小事务均付诸全党公决或党员讨论，它一般是把党员极关注的、可能引发党内严重分裂的、攸关政党政治定位及未来发展前途的重大问题付诸全党公决与党员讨论，其意或为避免党内分裂，或为增强党员认同感。至于在党员参与讨论时，政党可通过控制议事日程、挑选讨论议题以及运用传媒等手段对讨论过程加以引导。党员本身具有的一些特点，如在占有的信息、知识及经验等方面的不足以及相对激进的思想倾向等，其观点可能与作为一个整体且以执政为目标的政党发生冲突，政党对其直接参与施以引导，则可在了解党员意愿的同时理性采取行动。

直接民主本身的价值加上党内外力量的推动，使它的运用渐趋增多。然而，就已有的做法看，实际很少有政党实行那种纯粹的、完全自由的直接民主，绝大多数政党对其设置附加条件，以分化其功能，影响其效用。究其根源，与以执政为目标的政党的要求有关。直接民主固然有优点，但也有缺陷。庞大的党员规模、参差不齐的党员质量及党员对参与成本所做的考量，实际都有可能影响直接民主运行的质量。而政党不仅需要直接民主带来的合法性与党员认同感，同样也需要间接民主的效率、灵活与理性。在目前包括西方政党在内的国外政党的民主架构中，主流形式仍是间接民主，两种民主形式固有的优缺点很大程度决定了它们各自适用的范围。在有些领域、有些问题及有些层面上，运用间接民主会一直最为有效，但在另一些领域、问题及层面上，则适于运用直接民主，因而直接民主便有可能取代间接民主发展起来。

古代雅典的民主制度是整个国家在体制上的直接民主。这种直接民主制度的典型特征是，公民大会作为城邦的最高立法机关，城邦的一切重要事务都由其决定。而公民大会更被一些学者视为雅典民主政治的发动机。因此作为雅典直接民主制度最高权力机构的公民大会，就成为我们理解雅典民主乃至雅典政治制度的关键。斯塔尔说过，如果我们没有对公民大会进行深入细致的研究，不清楚它的起源、发展，不了解它的作用，我们就无法全面地认识雅典民主。

作为国家体制安排的直接民主制，是人类政治文明的一项伟大实践。在一定的历史时期和范围内有其存在的合理性，但它更主要的是存在着从政治实践到理论本身的根本局限性。

国外的学者早在 19 世纪初就开始对古希腊特别是雅典的公民大会制度进

行了研究，并且陆续问世了一批论文和专著。尤其是 20 世纪的学者汉森更是把公民大会作为自己研究的重点，陆续出版了大量的有关公民大会的研究成果，极大地促进了我们对于雅典民主制度的认识。中国学者在对雅典民主制度的研究过程中，也对公民大会制度进行了一定程度的研究，但一般都浅尝辄止，只是在文章、教材或专著中稍有提及，而没有进行深入细致的研究，尤其是一些细节问题上，还存在着许多问题。

因此，本书希望能够借助古典材料和现有国内外最新研究成果，系统阐述雅典公民大会制度的演变过程、公民大会的运行机制及其职能作用。并在此基础上，认清古代民主与现代民主之间的关系。

本研究选择了荷马时代到公元前 322 年这一历史时期作为研究对象。而尤其注重对公元前 5—前 4 世纪公民大会的研究。因为，公元前 5—前 4 世纪的史料最充分，也是公民大会发展最充分的时期，其运行机制、职能和地位都得到了充分的体现。而关于公民大会的起源和公元前 322 年以后的公民大会，则由于史料的匮乏和学识的有限，未能充分地展开研究，而只能期待以后继续学习和研究。

第一章　古代雅典公民大会
研究的史料与史学

第一节　本书所用的史料

古希腊公民大会起源于公元前 11 至公元前 9 世纪的荷马时代，现代人称其为民众大会，由王或议事会召集，全体成年男子（战时全体战士）都可以参加，以讨论和决定部落的各项重大问题。城邦建立后，希腊多数城邦都设立了此类大会。在雅典称之为ἐκκλησία，讨论、解决国家重大问题，如战争与媾和、城邦粮食供应问题、选举高级官吏、终审法庭诉讼等都需要经过公民大会的通过才能执行。公元前 322 年马其顿国王亚历山大灭亡雅典后，ἐκκλησία也逐渐失去其意义。因此，本书也主要集中选取从荷马时代到公元前 322 年亚历山大灭亡雅典为止这一时期的史料。

公民大会的研究，在史料的利用上优势和劣势都非常明显。

优势在于：由于古典史料和现代研究都集中于公元前 5—前 4 世纪，所以本书的侧重点也集中在这段时期。这一时期的史料主要有两个特点，一是种类繁多，包括政治学、哲学、戏剧、历史学、修辞学材料等；二是作者多为当时雅典历史的目击者和当事人，比如希罗多德、修昔底德、柏拉图、伪色诺芬、亚里士多德和阿里斯托芬等都是雅典民主政治的目击者，所以他们关于公元前 5—前 4 世纪的记载可靠性强，大部分属一手史料。即便是公元前 5 世纪以前的历史，由于距离他们生活的时代较近，所以他们的记载也是较为可信的。

劣势在于：研究公民大会制度必须追本溯源，而要了解公民大会制度的起源，就必然要求我们了解雅典城邦的发展史，至少要追溯到荷马时代，而这一时期的史料是极其缺乏的。著名古典史家 M. I. 芬利就曾经公开宣称无法写出早期希腊的历史。① 公元前 6 世纪以前的希腊历史，几乎没有同时代文献可资参考。因此《荷马史诗》成为我们研究雅典乃至希腊公民大会制度起源的主要依据。而《荷马史诗》作为文学作品，它的真实性有多大呢？这无疑都为我们的研究增加了不少难度。除了起源问题外，关于公民大会的许多其他问题，如公民大会的组成情况，是富人统治还是穷人统治；公民大会在雅典民主政体中的地位如何；它的运行机制和职能在发展过程中有何变化等都在学者中存在不同的争论。因为我们所知的材料是一定的，学者们只能依据这些材料去推测，去研究，在没有新的史料出现的情况下，我们无法完全否定一方，也无法完全赞同一方。

一、政治学著作

在古典史料中，对雅典民主制度论述最多的就是亚里士多德（Aristotle，约公元前 384—前 322 年）的《雅典政制》（*Constitution of the Athenians*）。这是一份有关雅典政治制度沿革的珍贵史料，记载了从传说中的伊翁到公元前 401 年民主政治恢复期间雅典政制的演变。《雅典政制》对公元前 4 世纪雅典宪法的介绍尤为详尽，其中很多地方涉及雅典公民大会制度，是我们了解雅典公民大会制度的最主要的史料来源之一，书中除了介绍公民大会在公元前 4世纪的运行机制和一些职能外，还引用了很多原始材料，如梭伦的残篇、民间诗歌和谚语、希罗多德的著作等。正因为它具有史料的价值，所以《雅典政制》对我们研究雅典公民大会制度具有极为重要的参考价值。例如书中表明雅典在塞修斯时代就已经有了公民大会，"所有您们众人，都到这里来。"②但是关于这一时期公民大会的详细情况亚里士多德却没有作任何说明。亚氏的另一部著作《政治学》（*Politics*）建立在他本人及其学生对 158 个城邦制度进行详细考察的基础上，该书将城邦作为研究对象，讨论了城邦的起源、性质、目的等理论问题，还对各种类型的城邦体制进行了比较研究。关于公民大会，亚里士多德并没有太多集中的论述，但是，在其中我们仍然能看到他

① 转引自晏绍祥《古典历史研究发展史》，华中师范大学出版社 1999 年版，第 314 页。
② 亚里士多德:《雅典政制》，日知、力野译，商务印书馆 1999 年版，断片 3；Plutarch, Theseus 25。

对公民大会相关问题的一些看法：如公职津贴制度的实行及其优缺点；① 按照平民政体的要求，不得在乡下多数人口未能出席的情况下举行公民大会等。②

伪色诺芬（Pseudo‑Xenophon）的《雅典政制》（*Constitutions of the Athenians*），约创作于公元前441年或公元前418年，这也是我们了解雅典民主制度详情的不可多得的一手史料。

二、史诗和戏剧

由于关于雅典前期的历史不是十分明朗，所以我们要了解雅典公民大会的起源，就必须了解希腊历史上公民大会的最早记载。目前没有任何材料证明爱琴文明时期有公民大会存在的迹象。③ 所以，希腊的公民大会制度我们只能追溯到传说中的荷马时代。这也是我们能接触到有关希腊古代历史的最早文字史料。《荷马史诗》是古希腊人自发的历史意识的反映，有一定的历史基础，是具有一定史料意义的诗歌。根据《荷马史诗》记载，当时部落的主要权力机构有王、长老议事会和民众大会。王是世袭的，民众大会还远远不是一个制度化的决策机构，而只是制造舆论的机构。当然民众大会也确实具有相当重要的职能，有关全体的大事，都会被提交到民众大会上讨论。但它毕竟不同于古典时代的公民大会，缺少定期集会制度，所讨论的问题也局限于召集人的兴趣，在会上发言的都是贵族，平民很少有发言的机会，发言者也从来不向人民呼吁，民众大会没有投票制度，几乎不通过决议，即使偶尔通过决议，也无力贯彻和执行。所以在荷马时代的政治舞台上，民众大会大多数时候只是贵族斗争的工具而已，普通民众根本没有什么权利可言。雅典作为当时一个不十分重要的城邦，民众大会的权力也应该集中在贵族手中。

梭伦的残篇也是我们了解梭伦的重要材料，但是，梭伦的诗歌只能给我们提供一些关于他个人性格和他的经济改革的一些情况，对于他的宪政改革并没有涉及。而且，即使他的残篇是完整的，我们也认为他并没有记载宪政改革，因为如果他有记载，这些在亚里士多德的《雅典政制》和普鲁塔克的《名人传》里不能不有所涉及。但是通过这些仅有的材料我们也能对梭伦有更

---

① 亚里士多德：《政治学》，吴寿彭译，商务印书馆1997年版，1297a17—36。
② 亚里士多德：《政治学》，吴寿彭译，商务印书馆1997年版，1319a33—35。
③ 施治生、郭方主编：《古代民主与共和制度》，中国社会科学院出版社1998年版，第168页。

多的了解，特别是对他改革时期的雅典经济政治状况等。

德国学者迈耶认为希腊人的公共生活使公民有了政治认同感和参与意识，而希腊的戏剧不仅是政治民主的反映，对政治民主的发展也有巨大的影响。希腊戏剧与当时的政治生活紧密相关。一年一度的狄俄尼索斯戏剧节，不仅是雅典重要的娱乐节日，也是针砭时弊、教育民众的政治舞台。悲剧通常带有神话色彩，但其语言反映的却是当时的社会现实。雅典戏剧中有很多关于公民大会的记载。例如埃斯库罗斯（Aeschylus）的剧本《恳求者》（*Suppliant maidens*）中，就有最早的关于公民大会投票方式的描述，大部分人举手同意给达那奥斯的女儿们以避难权，同样的场面在幼里皮底斯的悲剧中也可见到。而希腊喜剧常以民主制的制度和运作为主要内容，目前保存最好的是阿里斯托芬（Aristophanes）的喜剧。他运用滑稽的戏谑手法，始终不渝地反对战争，批评激进的民主派领袖，揭露当时社会存在的主要问题。特别是在他的作品《阿卡亚人》（*Acharnians*）、《马蜂》（*Wasps*）、《妇女公民大会》（*Ecclesiazusae*）中，有关于公民大会的精彩描述，从中我们可以获取很多有益的东西。

三、历史著作

希罗多德（Herodotus，约公元前485—前425年）的《历史》（*Histories*）是第一部几乎完整流传下来的具有里程碑意义的史学著作，标志着希腊史学开始走向成熟。《历史》的中心是希波战争，但是却记载了大量有关雅典民主制度方面的内容，包括梭伦、庇西特拉图僭主政治和克里斯提尼改革等，是我们了解这一时期雅典民主制度的主要文字史料之一。例如，梭伦在希罗多德的著作中是以一个智者、诗人和雅典法律制定者的身份出现，但不是雅典宪政的改革者。希罗多德认为克里斯提尼才是雅典民主的建立者，这也是现今大多数学者所接受的观点。希罗多德也记载了一些关于公民大会的情况，例如他记载了雅典公民大会讨论神谕的意思；公民大会也有弱点，"看来，真好象欺骗许多人比欺骗一个人要容易些……"[1]；等等。

修昔底德（Thucydides，公元前460—前396年）的《伯罗奔尼撒战争史》（*History of the Peloponnesian War*）同样是以战争为题材的历史著作，他以

---

[1]　希罗多德：《历史》，王以铸译，商务印书馆1997年版，5.97。

冷峻的客观主义精神记述了伯罗奔尼撒战争的起因和经过。修昔底德的著作中演说词占了全书的大约四分之一，内容多为公民大会上的演说词。这些是我们了解公元前5世纪，尤其是伯里克利时代雅典公民大会的不可多得的材料。书中主要记载了三次关于公民大会的辩论，对于我们了解公民大会的运作、性质、职能等都是十分重要的材料。尤其是他关于西西里远征前公民大会的辩论材料、公民大会的召开地点、参加人数等对于我们了解雅典全盛时期之后民主制的状况十分有益。此外，修昔底德还记述了阿提卡的统一、基伦暴动与庇西特拉图僭主及其被推翻等史实，是我们了解公元前6世纪的珍贵材料。

色诺芬（Xenophon，公元前430—前350年）的《希腊史》（Hellenica）是续写修昔底德的著作，该书记载了从公元前411年到公元前362年的希腊历史。由于色诺芬在政治上倾向于斯巴达的贵族政治，反对雅典的民主政治，所以书中存在着严重歪曲史实的现象，但是有关公民大会、议事会、法庭的描述基本上是客观的，也可供我们参考。例如他记载了关于雅典是否应该援助斯巴达的公民大会辩论过程，对于我们了解当时公民大会的组成情况、职能作用提供了启发。关于公民大会的持续时间，色诺芬曾经记载在审判阿吉纽斯海战六位将军时，公民大会持续到天黑，所以无法投票，这为我们考察公民大会持续时间提供了一个十分重要的证据。

普鲁塔克（Plutarch，公元46—120年）的《名人传》（Parallel Lives）通常也被看作历史著作。他为雅典的九个政治家作了传记，其中包括梭伦、泰米斯托克利、伯里克利等重要人物，他们在制度方面所作的改革推动了雅典民主进程，所以在研究雅典的政治制度史时，这些人的传记自然是不能忽略的。当然，普鲁塔克治史的目的在于为人们树立仿效的楷模，史实并不是他刻意追求的目标，所以他的书中有不少硬伤，这也是我们在利用他的史料时应当注意的。他在给这些历史人物作传记的时候，也记载了不少关于公民大会的场面。例如，他在记载德摩斯梯尼的时候，提到了公民大会辩论的场面。记载伯里克利的时候，提到伯里克利在演说中曾被公民打断，说明他也没能完全控制民意。记载梭伦的时候，普鲁塔克说，梭伦规定，任何事情在提交到公民大会讨论之前，必须先经过四百人议事会的认可等。

四、修辞学材料

从公元前 5 世纪下半叶起，演说成为雅典政治生活中的一项重要内容，雄辩的演说能力常能为政治家赢得政治资本。在雅典，一个人政治影响的大小，有时和他担任的官职之间并没有本质的联系，而雄辩的演说却常能为政治家赢得筹码。伯罗奔尼撒战争前期很具影响力的克里昂，很长时间里也许只是平民，直到公元前 425 年才偶然当选为将军，这和他雄辩的演说不无关系。当然不管演说家的影响有多大，他都处在公民大会的严格监督之下。只要公民大会已决定的事，谁也无力推翻或者拒绝执行。如果公民大会认为某人的建议、行动妨碍了国家的利益，人民也会毫不犹豫地将其免职，或者给予严厉的惩罚，伯里克利就是这方面一个典型的例子。公元前 4 世纪的演说家更是积极地活跃在雅典政治舞台上。

雅典流传至今的演说材料总共 100 多篇，内容多为公民大会的辩论辞、法庭的讼辞以及节庆典礼上的演说等，其内容大多反映了现实生活。吕西阿斯（Lysias）、德摩斯梯尼（Demosthenes）、埃斯奇奈斯（Aeschines）都是雅典著名的演说家，他们常对政治问题发表自己的看法。他们的演讲许多是在公民大会上，所以对公民大会有较多的涉及，虽然看起来比较零散，但这些细微之处，往往是不可多得的史料。他们的演说材料，可以帮助我们了解公民大会在外交事务和宗教事务中的职能和作用，以及在其他方面的相关情况。本书很多地方就利用了演说家的这些材料。当然，演说家可能在演说中有很多故意夸大事实、歪曲现实的地方。因此如何对待这些演说材料，就成为每一个古史工作者都面临的一个难题。

意大利历史哲学家维柯（Giambattista Vico）提出了对古代史料的合理看法。他第一个提出应把古代语言、诗歌和神话传说、法律习俗等事物当作有用的史料，放在历史背景下加以考察。他的基本指导思想是，古代语言承载了大量的历史信息，每个时代的人们都通过自己时代的语言和思想来表达和传递时代生活的方方面面。[1] 然而历史学家可以断定某些材料是不可靠的，却不能有绝对的把握肯定任何史料都是完全可靠的。顾颉刚在发表给钱玄同的

---

[1] 维柯：《新科学》，商务印书馆 1997 年版，第 9 页。

信时就曾指出：

> 要从古书上直接整理出古史迹来，也不是稳妥的办法……我们要否认伪史是可以比较各书而判定的，但要承认信史便没有实际的证明了。①

因此，在许多情况下，学者只要找到一条不利的证据，就能怀疑某种记载有误；但即使掌握了一万条有利的证据，也不能完全肯定某种记载是正确的，因为第一万零一条证据可能会说明这种记载完全或部分失实，而学者暂时还没有看到这条证据，或者这条证据已经丢失。

所以，本书在使用演说家材料的时候，并不是完全相信演说家所陈述的事实，而是通过同一时期演说家之间演说材料的对比，其他史料的证伪等，有条件地运用。既不盲目轻信，也不无端怀疑，而是批判地利用现有古典文献，积极开展研究。历史的真相只能有一个，而对真相的说明，由于不同的利益、不同的视角、不同的材料来源，可以南其辕而北其辙，这就把真相搞得扑朔迷离。历史学家的责任是在扑朔迷离中寻找真相。这当然需要史识，但更需要的是原始的没有经过涂饰和伪造的史料。考据之学，在现当代的史学研究中，依然是必不可少的。正像郭小凌先生在《古代的史料和世界古代史》一文中所提出的：国外相当一批史家只追问到荷马、希罗多德、修昔底德、色诺芬、波里比阿等古典作家为止，不再认真地计较这些作家的信息来源的可靠性。他们实际上把古典作家的记载同样类同于一手或原始史料，而他们所从事的工作也同我国史家的工作一样，力求在故纸堆中寻找能够支持自己论点的论据，进而取得成一家之言或具有新意的文本解读的学术成就。世界上古史研究领域的这种史料的特殊性，将古代史研究者置于尴尬的境地。鉴于世界上古史的史料状况，这个领域的研究者特别需要持一种小心谨慎、如履薄冰的态度，说话要留有余地，不要像近代法国著名史家古朗士那样，在做定性结论的时候把话说绝，误以为带有主观成分的个人认识便等同于客观历史本身。②

---

① 顾颉刚：《与钱玄同先生论古史书》，《古史辨》，上海古籍出版社1982年版，第59页。
② 郭小凌：《古代的史料和世界古代史》，《史学理论研究》2001年第2期。

五、考古材料

考古材料主要是考古发掘的实物或根据实物复原的图形，这些材料给我们提供了关于公民大会制度各方面的信息。比如公民大会会址的挖掘对我们了解公民大会的参加人数以及雅典公民人数和民主状况就很有帮助。雅典人也留下了大量铭文材料，记载每年公民大会通过的法令，这些实物材料作为文字材料的补充，有助于我们对公民大会制度相关问题的理解，在缺乏文字材料的情况下，它们的意义则更加明显。而且考古发掘也证实了某些文献记载的正确性，今后还会有更多的文献记载会被考古发掘所证实。

第二节　前人的研究成果

自伯罗奔尼撒战争失败之后，雅典在公元前 4 世纪的阶级斗争中，有产阶级逐渐取得了政治上的优势，此后在意识形态领域批判雅典民主政治的潮流开始占据主导地位，直到 19 世纪以后，尤其是 20 世纪，民主政治才得到越来越多的肯定。当然这与民主政治符合现实的需要有很大关系，在传统与现实之间，现实的需要往往是第一位的。① 在世界民主化的潮流中，作为世界上最早出现的直接民主制度——雅典民主制也因此得到了更多学者的关注。雅典民主制度是用成文法确立下来的一种公民本位政治。公民在政治地位上是平等的，共同自主决定社会共同体的方针政策，并且公民直接参与国家的行政管理工作。而实现这种直接民主的最主要的政治机构就是公民大会。

1819 年德国学者舒曼（G. F. Schömann）出版了第一部有关公民大会研究的专著《雅典公民大会》（*De Comitiis Atheniensium*），对于公民大会做了初步的研究。19 世纪上半期英国最伟大的古史学家乔治·格罗特（G. Grote）在其名著《希腊史》（*History of Greece*）中也对雅典民主持肯定的态度。格罗特并

---

① 晏绍祥：《民主还是暴政——希腊化时代与罗马时代思想史中的雅典民主问题》，《世界历史》2004 年第 1 期。

不掩饰雅典民主政治的缺点，但是同其他古代政体相比较，雅典民主又具有无可怀疑的优点。格罗特把雅典历史作为整个希腊历史的中心与主要线索，而其核心又是自克里斯提尼改革以来的雅典民主史。他承认雅典民主不够完善，谴责了公民大会所犯的一系列错误，如盲目发动西西里远征、处死阿吉纽斯海战六名将军的做法等。他对雅典民主的评述至今仍具有重要意义，并给后世的希腊史研究以巨大影响，受到琼斯、德·圣·克罗阿等学者的高度评价。关于公民大会轮值主席的研究在 19 世纪也受到了一些学者的关注，1885 年，学者葛德温（William W. Goodwin）对公民大会轮值主席的选举方式进行了一番梳理，认为在公元前 402 年之前，轮值主席来自于当届议事会主席团，其后轮值主席的选举可能经历了改革，但是直到公元前 378 年，我们才有证据表明轮值主席开始来自议事会其他九部落成员，而非当届议事会主席团。而且每届议事会主席团可能还细分为五个部分，每十人轮流主持当届议事会五分之一时间，大约一周的时间。①

19 世纪到 20 世纪上半叶，学者们仍然没有对公民大会的研究产生很大的兴趣，只是在一些零星的论文中对其有所涉及，甚至于雅典公民大会场所的挖掘都没有带来研究的热潮，而仅仅是出版了一系列考古挖掘报告。学者们对于雅典民主制度研究，更多的集中于五百人议事会、十将军等，而忽略了对公民大会的研究，实际上，即使是五百人议事会和十将军的研究也略显不足。

1926 年，弗里曼（Kathleen Freeman）出版了《梭伦的工作与生平》（*The Work and Life of Solon*）一书，书中详细介绍了雅典民主政治的创立者梭伦，该书分为改革、传记和诗篇的翻译三个部分，作者认为，梭伦改革前雅典实行严格的寡头政治，公民大会也许根本不存在，或者只是平民议论自己事情的非正式会议。在宪法上，梭伦所作的改动不大，他尽可能运用原有的机构，只是将其结构加以调整，并充分运用了制衡原则：公民陪审法庭监管官员，官员相互制约，四百人议事会制约公民大会，贵族议事会又制约公民集体等。

美国芝加哥大学教授邦纳（R. J. Bonner）在 1933 年出版了《雅典民主面面观》（*Aspects of Athenian Democracy*）一书，作者极端美化雅典民主。在邦纳

①　William W. Goodwin, The Relation of the Proedroi to the prutaneeis in the Athenian Senate, *Transactions of the American Philological association*（1869 - 1896），Vol. 16（1885），165 - 175.

看来，历史上把人民主权发挥到极致的莫过于古代雅典，享有主权的人民不是断断续续的，而是一直享有统治权力，公民大会决定有关公共政策，立法、司法、行政机构都是由抽签选出的公民掌握，所以人民是真正地行使着对法的管理和监督权，是所有民主中最完善的形式。作者完全忘记了雅典民主只是雅典公民民主这一事实，忽视了真正参与政权的只能是全权公民，妇女、儿童、外邦人、奴隶是不可能参与政治，享受政治权利的。

20 世纪下半叶以来，雅典的公民大会制度开始得到了一些学者们的关注。

英国史家希格奈特（Higgnet，C.）在其 1952 年所著《公元前五世纪末以前的雅典宪政史》（*A History of the Athenian Constitution to the End of the Fifth Century B. C.*）中详尽考证了雅典政体的发展历史，对雅典政治体制发展的每个可能的细节都进行了缜密的分析，在有关公民大会的问题上，希格奈特也提出了许多自己独到的看法。例如，他认为在梭伦改革之前，公民大会确实存在，但是除了每年选举官员的公民大会之外，公民大会并没有定期集会的制度，陶片放逐法也并不是克里斯提尼设立的观点。

1955 年，安德鲁斯（Andrewes，A.）出版了《希腊僭主》（*The Greek Tyrants*）一书，在书中，安德鲁斯对雅典梭伦改革和庇西特拉图僭主政治进行了详细的探讨，尤其是关于僭主政治的讨论对于我们了解这一时期的政治发展情况十分有益。

琼斯（Jones，A. H. M.）是英国著名的古史学家，写有一系列关于雅典民主制度方面的文章与专著。1956 年的论文集《雅典民主》（*Athenian Democracy*）集中代表了琼斯在雅典民主制度方面的见解。例如，在《雅典民主》论文集中，琼斯认为雅典公民的大多数是小土地所有者，中产阶级及其以上的家庭在政治中发挥着主导作用，大部分情况下，公民大会的参加者是比较富有的公民，穷人并不经常参加，但是至于为何穷人不愿意参加公民大会，琼斯并没有给出一个合理的解释。而且他认为公民陪审法庭参加人员也多是富有的公民，至少富人比穷人要多。

1971 年戴维斯（David，J. K.）的专著《雅典财产家庭》（*Athenian Propertied Families*）出版，他运用人物志的研究方法，指出在雅典民主中，富人始终是主角，在公民大会上提出建议的、担任各种主要官职的，大多是富人。

与琼斯和戴维斯看法相反，法国学者莫塞（C. Mosse）在 1962 年出版的《雅典民主的终结》（*La Fin de la démcratie athénienne*）中认为，公民大会与法庭多为穷人所占据，下层群众在雅典民主制度中发挥着重要的作用。

弗雷斯特（Forrest, W. G.）也特别注意下层群众的作用，1966 年他的《希腊民主的兴起》（*The Emergence of Greek Democracy*）一书出版，这是一部带有论战性质的著作，弗雷斯特比较重视社会下层群众发挥的作用，强调雅典宪法的变革并不只是由少数领袖决定的，对雅典发展、成功与失败负责的是全体雅典人。

芬利则提醒人们在研究雅典民主时不要落入制度史的陷阱，因为无论谁是执政官或将军，对政治具有影响力的总是那些特定的人物，制度并不是一切。他反对把伯里克利以后的政治家称为"人民领袖"，因为在雅典直接民主的体制下，任何政治家或多或少都是人民领袖。古代世界也不存在明显的阶级划分，斗争只是围绕某些特定的权利展开，整个社会除奴隶和公民处在对立的两极外，中间还存在很多不同的等级。作为战后英美史学界中反对古史现代化的著名学者，芬利的许多观点至今仍为西方学者奉为正统。他的著作影响较大的有《奥德修斯的世界》（*The World of Odysseus*）、《古代民主与现代民主》（*Democracy Ancient and Modern*）、《古代奴隶制与现代意识形态》（*Ancient Slavery and Modern Ideology*）、《古代世界的政治》（*Politics in the Ancient World*）等。

1972 年罗德斯（Rhodes, P. J.）出版了《雅典的五百人议事会》（*The Athenian Boule*）一书，详细剖析了雅典民主制的重要机构——议事会的组织和职能，并对它在雅典城邦中的重要性作了恰如其分的评价。书中对公民大会制度也有涉及，尤其对公民大会与五百人议事会的关系作了分析，是我们了解公民大会及其与议事会关系的不可多得的名著。

1981 年，罗德斯的另一代表作——《关于亚里士多德〈雅典政制〉的疏证》（*A Commentary on the Aristotelian Athenaion politeia*）出版。在书中，罗德斯几乎逐字逐句对亚里士多德的文本进行了解读，同时还列举了现代学者对相关问题的研究成果，讨论了几乎《雅典政制》涉及的雅典历史上的各个历史问题。由于《雅典政制》中涉及很多有关公民大会制度的内容，所以这本书无疑是引导我们深入理解雅典公民大会制度的重要参考资料。

1987 年，丹麦学者汉森（Hansen, M. H.）将自己多年的研究成果编辑成书，出版了《德摩斯梯尼德摩斯梯尼时代的雅典公民大会》（*The Athenian Assembly in the Age of Demosthenes*）。汉森是过去两个世纪以来对雅典公民大会制度研究最有成果的学者。他主要研究了公元前 4 世纪雅典的公民大会，尤其是德摩斯梯尼时代的雅典民主及其公民大会，提出了许多新观点。如汉森认为，公元前 4 世纪的公民大会不是国家的最高权力机关；公民大会有众多的参加者；大多数情况下投票依靠举手而且很少去仔细计算具体票数；有一起活动的一些小群体式的政党，但是他们没有大规模的跟随者；演说家如果失去人民的支持可能会以贿赂罪而受到起诉等。这些观点扩展了我们对于公民大会的认识。

汉森在他 1991 年出版的另一部著作《德摩斯梯尼时代雅典的民主制》（*The Athenian Democracy in the Age of Demosthenes*）中，对德摩斯梯尼时代雅典民主制的主要机构——公民大会、立法委员会、人民法庭、行政长官委员会、五百人议事会都作了详细研究，他对公民大会的组织、议程以及它与其它民主机构的关系的分析具有重要价值，把公民大会制度作为雅典民主制度的有机组成部分之一来研究，使我们能更加细致地了解公民大会在雅典民主政制中的地位和作用。他认为狄奥多洛斯有关雅典公民人口的记载并不准确，根据他的估计，要维持雅典民主机构的正常运转，其公民人口至少应为 3 万人左右。

奥斯本（Osborne，R.）1985 年发表了《德莫：古典阿提卡的发现》（*Demos：The Discovery of Classical Attica*），声称雅典民主在很大程度上仍是富人的民主，因为只有富人有能力既在德莫中保持影响，又可长期居住在政治生活中心雅典城内，因此公民大会等民主机构都被富人所控制。

辛克莱尔（Sinclair，R. K.）在 1988 年出版的《雅典的民主和参与》（*Democracy and Paticipation in Athens*）一书中同样肯定公民大会制度是雅典民主政体的主体之一。在书中作者依据大量的古代文献和现代学者的成果，详细调查了雅典民主政治的参与状况，多方面的调查显示雅典民主的确有众多的参与者。他从制度上分析了雅典民众参与政治的各种渠道、影响政策的途径、领袖与公民的关系等，认为雅典民主作为一种参与制度，虽有对领袖较为严厉的一面，但仍不失为一种优良的参与制度。在第四章，辛克莱尔讨论了雅典民主制度中的议事会、公民大会和陪审法庭的情况，尤其详细研究了议事会，他认为议事会并不是最高权力机构，公民大会才是雅典的最高权力机构。

奥伯（Josiah Ober）的《民主雅典的民众和精英》（*Mass and Elite in Democracy Athens*）在 1989 年出版，书中主要探讨了从伯罗奔尼撒战争中雅典战败到公元前 322 年之间的雅典民众和精英之间的关系。奥伯在书中对雅典民主制度各个方面的问题进行了一番梳理，提出了全新的研究方法。他认为在前梭伦时代，雅典可能存在某种形式的公民大会，无论从理论还是权利上，公民大会的参加者都是由能够自备武器的重装步兵组成。而且公民大会并没有定期的集会制度，公民大会只能由官员召集，只是通过贵族先前已经通过的决议，本身并没有什么权利。此外，奥伯对公民大会的权力、社会组成、会议次数、公职津贴都进行了探讨，提出了许多有益的看法，值得我们进一步去思考和研究。书中还探讨了雅典在公元前 4 世纪较其他城邦稳定的原因。奥伯认为，雅典政治家虽大多是富人，但他们必须服从公民的意志，以平民利益代言人的身份出现。作为国家政策的决定者，平民对领袖享有心理优势，所以雅典虽同样存在财产不均现象，社会与政治却较为稳定。

1990 年，斯塔尔（Chester G. Starr）的著作《雅典民主政治的产生——公元前 5 世纪雅典的公民大会》（*The Birth of Athenian Democracy—The Assembly in the fifth Century B. C.*）出版，该书分五个部分，分别论述了公民大会的出现、巩固、投票、职能和公民大会的程序。斯塔尔的论述为我们了解公元前 5 世纪的雅典公民大会提供了十分有益的帮助，但是他关于公民大会的出现并没有什么结论，所以值得我们进一步去研究和探索。

1996 年，哈维·于尼斯（Harvey Yunis）的《驯服民主》（*Taming Democracy*）一书出版，于尼斯在该书中主要讨论了古代雅典政治演说的模式，但是对于公民大会的一些问题也有所涉及。如作者提出了公民大会的一些基本特征，并且认为任何公民都可以在公民大会上发表演说、提出自己的建议或进行辩论。他认为雅典的演说家并没有党派之分，也没有自己的追随者，所以必须在公民大会上去争取公民的支持，自己的提议才可能被通过，演说家一般都很富有或因此而富有等。

同年，奥伯的另外一部论文集《雅典革命：古代希腊民主制和政治学说论文集》（*The Athenian Revolution——Essay on Ancient Greek Democracy and Polit-*

ical Theory）出版，奥伯在《雅典 508/507 年革命》一文中认为，在梭伦以后、克里斯提尼改革以前，公民大会只是偶尔举行，所有公民都有权参加，但是，非贵族阶层的公民不可能有权在公民大会上发言，普通公民也不可能成为四百人议事会成员。克里斯提尼为了在政治斗争中胜利，提出改革宪政，给予普通公民以更大的权力。

1998 年奥伯出版《雅典民主中的不同政见》（*Political Dissent in Democratic Athens*），书中对公民大会制度的看法并没有什么改变。但是，作者在这里提供了许多古代作家对雅典民主制度的批评看法，涉及公民大会的地方很值得我们思考，也是我们研究雅典民主制度的一部难得的好书。

此外国外学者也发表了大量的研究论文，例如：伯罗多夫（Edmund F. Bloedow）在关于亚西比德的文章中讨论了亚西比德在雅典西西里远征时期的作用，探讨了这一时期公民大会的作用。汉森（Hansen，M. H.）研究了公民大会持续的时间问题，认为公民大会一般不会持续很长时间，大部分在中午之前就结束了，但是也有少数公民大会持续了一整天时间。[①] 劳比切克（Raubitschek，A. E.，1951）、罗宾逊（Robinson，J. H.，1952）、唐纳德·卡根（Donald kagan，1961）、斯坦顿（G. R. Stanton，1970）的相关论文对公民大会制度中的陶片放逐法进行了深入研究，探讨了它的起源和目的等相关问题。芬利对雅典城邦中出现的演说家作了详细的分析，他认为不应该把伯里克利之后的演说家称为蛊惑家，实际上伯里克利本身就具有蛊惑家的色彩。演说家在雅典民主政治中发挥了十分重要的作用。

中国在改革开放以后对于希腊史的研究取得了长足的进展，关于民主制度的研究也是中国世界古代史学者研究的热点之一，近年来有大量的论文与专著问世。其中施治生和郭方主编的《古代民主与共和制度》（1998）是我国第一部深刻反思古代民主与共和制度史的专著，书中对古希腊民主政体和共和政体的形成过程、内部结构、运作和整合机制等重大问题进行了详细的分析和概括。[②]

除了相关著作，也有大量的论文问世。郭小凌的《古希腊作家的民主价

---

① Hansen，M. H. *The Duration of A Meeting of the Athenian Ecclesia*，Classical Philology，1979，v74，pp. 43 – 49.

② 施治生、郭方主编：《古代民主与共和制度》，中国社会科学院出版社 1998 年版。

值观》，黄洋的《希腊城邦的公共空间与政治文化》《试论荷马社会的性质与早期希腊国家的形成》，廖学盛的《试论古代雅典民主产生的条件》，施治生的《试论古代的民主和共和》，易建平的《部落联盟模式与希腊罗马早期社会权力结构》等文章都对雅典民主制度问题进行了研究，提出了一些有价值的观点。如廖学盛先生就认为，雅典民主是一系列历史渐变与突变过程的产物，这种政体把整个城邦的利益置于首位的同时，确实能保证绝大多数公民有一定的参政权力，确实能够使绝大多数公民的生命财产安全得到一定的保障。①

总的来说，国内外学者都已经认识到了公民大会的重要性，并且对其相关问题都进行了一定程度的探讨，有些问题学者们已经达成共识，形成了较为成熟的结论。但是现有公民大会的研究也存在一些不足之处，主要表现在以下两个方面：

首先，缺乏系统全面认识公民大会的综合性研究。举例来说，国外研究雅典公民大会最著名的学者就要算汉森了，但是他也仅是对德摩斯梯尼时期的公民大会进行了研究，斯塔尔仅仅研究了公民大会的几个方面，都缺乏系统全面认识。依据现有的研究成果，我们还不能找到一条有关雅典公民大会制度发展的清晰线索，特别是起源问题，这就为我们留下了思考空间。

其次，相对于国外学者的丰富论述，国内学者对公民大会的研究还仅仅停留在对于雅典民主的论述上，而很少深入涉及其具体的运作情况。如宋慧娟所著《古代雅典民主政治》一书，如作者自己所述，主要论述了雅典民主政治由形成到衰落的全部过程，并对民主的起因、衰落、对民主政治的评价进行了探索和研究。但是作者也没有对于民主政治的核心机构公民大会进行详细研究。② 所以这一问题还是值得研究的。笔者在收集和整理公民大会研究资料的过程中发现，国外学者对于公民大会的研究基本上都采用了古典丛书，如德摩斯梯尼等演说家和希罗多德的历史著作等，这些著作有的已经被翻译成中文，即使没有翻译成中文的也能见到。一些基本的公民大会研究专著也能在国内见到，特别是国内一些高校已经开始引进国外期刊网，相关的最新研究状况我们都可以查阅获知，相关的文章也可以阅读。这就为我们更好地研究雅典公民大会奠定了良好的基础。

---

① 廖学盛：《试论古代雅典民主产生的条件》，《世界历史》1997 年第二期。
② 宋慧娟：《古代雅典民主政治》，吉林大学出版社 1999 年版。

　　公民大会是雅典民主最直接的表现形式，了解它就能更好地认识雅典民主，也有助于我们对其它民主政体的认识，尤其对于我们国家乡村民主选举具有非常重要的借鉴意义。研究公民大会已经成为我们认识雅典民主不可避免的途径，笔者的努力仅仅是对雅典公民大会研究的一种尝试，希望这种尝试能对这一问题的进一步研究有所裨益。

第二章　公民大会的演变

　　雅典直接民主的具体体现是，全体成年男性公民都可以平等地参与政治，并以集体协商的方法解决城邦所面临的问题。而且公民的参与和协商表现为体制化的公民大会，而不是临时性的群众集会。公民大会在决定国家大政方针与公职人员的任免事务中是操作程序的必要组成部分，并且大会做出的任何决议都是通过平等、公开的讨论并经简单多数的票决通过的。所以，寻找古希腊民主制的起源必须从公民大会说起。①

第一节　荷马时代

　　斯塔尔认为，虽然公元前7—前6世纪之前的希腊历史材料非常有限，但是如果我们想要了解公民大会的起源，就必须追溯至这一时期。② 已故著名历史学家顾准先生认为《荷马史诗》中的全军大会就是后来雅典公民大会的原型。③ 郭小凌先生认为，目前没有任何迹象表明爱琴文明时期的国家设有民众大会，所以以法制和公民自由与平等权利为基础的希腊民主政体的源头只能追踪到拥有民众大会的荷马时代。④ 可见国内外学者都基本上认同荷马时代是希腊公民大会出现的最早源头。因此研究雅典公民大会必须从荷马时代说起。

　　反映荷马时代的最重要文献是《荷马史诗》，它是古代希腊最早的文字史料，包括《伊利亚特》（*Iliad*）和《奥德修记》（*Odysseus*）两个姐妹篇。前

---

① 施治生、郭方主编：《古代民主与共和制度》，中国社会科学出版社 1998 年版，第 168 页。

② Starr, C. *The Birth of Athenian Democracy*：*the Assembly in the Fifth Century B. C.* , Oxford, 1990, p. 4.

③ 顾准：《顾准文集》，贵州人民出版社 1994 年版，第 97 页。

④ 施治生、郭方主编：《古代民主与共和制度》，中国社会科学出版社 1998 年版，第 171 页。

者写希腊人征服特洛伊（Troy）的一段惊心动魄的故事，后者写战后生还者伊大卡王奥德修斯历经磨难、返回故里的传奇经历。史诗大约在公元前 6 世纪的雅典形诸文字，并基本定型，包含了上至迈锡尼时代、下至公元前 11—前 9 世纪的信息。因此这一时期也被国外史家称为"荷马时代"。可是迄今为止，学者们对史诗所反映的时代问题仍未取得一致意见。

　　裔昭印认为荷马时代，希腊处于由野蛮向文明过渡的历史阶段，这个时期的社会文化系统全面地呈现出过渡的特征。① 芬利认为《荷马史诗》反映的是公元前 9 世纪希腊的情况。② 晏绍祥则认为，荷马时代反映的主要是公元前 10 到前 8 世纪希腊世界的情况，由于是在民间长期的口传传统的基础上形成的，所以也包含了一些早于或晚于这一时期的史实，但其核心内容仍然是以公元前 10 到前 8 世纪的希腊世界为基础的。③

　　本书采用了最后一种说法，认为《荷马史诗》所反映的是公元前 10—前 8 世纪的希腊世界，属于氏族开始瓦解时期。恩格斯指出："在英雄时代的希腊社会中，古代的氏族组织还是很有活力的，不过我们也看到，它的瓦解已经开始……"④

　　与其所反映的时代一样，学者们对荷马时代的社会性质一样没有取得一致意见。美国学者摩尔根认为荷马时代是军事民主制时期。⑤ 但是这一观点近来受到了诸多学者的质疑。黄洋就认为《荷马史诗》所反映的时代并不是军事民主制时期，荷马时代是一个典型的贵族社会，贵族独占了社会和政治生活。⑥

　　不管其社会性质如何，我们都不能否认荷马时代民众大会的存在。当奥德修斯在独目巨人那里时，他发现：

　　　　他们既不种植庄稼，也不耕耘土地……他们没有议事的集会，也没

---

　　① 裔昭印：《古希腊的妇女》，商务印书馆 2001 年版，第 3 页。

　　② Finley, M. I. *The World of Odyssey*, Chatto and Windus, 1964, p. 51.

　　③ 晏绍祥：《关于荷马史诗所反映的时代问题》，参见《中西古典文明研究——纪念林志纯教授 90 华诞论文集》，吉林人民出版社 1999 年版，第 172 页。

　　④ 《马克思恩格斯选集》第 4 卷，人民出版社 1972 年版，第 104 页。

　　⑤ 摩尔根：《古代社会》，三联书店 1987 年版，第 281 页。

　　⑥ 黄洋：《试论荷马社会的性质与早期希腊国家的形成》，《世界历史》1997 年第四期。

有法律。①

在奥德修斯的心目中，民众大会、耕种土地和法律具有十分重要的地位，它们是文明人的根本特征之一。史诗中几个主要的城市，伊大卡、特洛伊都举行民众大会。在古代希腊和罗马，原始社会的民众大会和贵族会议传统始终绵延不绝，没有民众大会简直是不可思议的反传统、反思维定式的事情。②可见在荷马时代拥有非定期的、但却是经常性的民众大会制度是毋庸置疑的。希腊后来的公民大会正是这一制度的直接变体。

民众大会在史诗中被称为阿戈拉（Agora），是荷马时代政治机构的一个有机组成部分。但学者对于民众大会在荷马时代的作用却有很大的分歧。摩尔根把荷马时代的政府视为三权政府，强调其民主特色，将民众大会与酋长会议、巴赛勒斯等视为平等的政治机关。③芬利则认为，民众大会更多的时候只是听众，是动员舆论的工具。④苏联学者安德烈耶夫认为，酋长会议及国王在政治生活中更加活跃，民众大会不过是被动的看客，所谓的人民主权，不过徒具虚名而已。但他同时指出，长老会和国王并不能完全忽视民众大会的作用，任何人要违背民意，都不能不冒一些风险。⑤国内学者一般都认为荷马时代的"民众大会原则上是最高权力机关，在战争紧要关头常开此会以动员战士，但实际上已被贵族掌握"。⑥郝际陶认为雅典国家大事往往由贵族议事会独自决策，但公民大会也有一定权力。每一公民都可以向贵族议事会进行上诉。全体自由人都参加公民大会，在公民大会上选举执政官。⑦晏绍祥认为，民众大会虽然不是荷马时代决定性的政治机关，但至少也还是不容忽视的。⑧实际上，荷马时代的民众大会既不像摩尔根所说的与酋长会议和巴赛勒斯平等的政治机关，但也不是毫无权力。虽然同古典时代的公民大会相比它的权力还受到氏族贵族的限制，但是它仍然具有重要的象征意义，任何氏族

---

①　荷马：《奥德修记》，罗念生、王焕生译，人民文学出版社1998年版，（Homer, *Odyssey*, translated by A. T. Murry, The Loeb Classical Library, 1919.）9. 108 – 112。

②　施治生、郭方主编：《古代民主与共和制度》，中国社会科学院出版社1998年版，第171页

③　摩尔根：《古代社会》，三联书店1987年版，第281页。

④　芬利：《奥德修斯的世界》（Finley, M. I. *The World of Odysseus*, 1962.），第79—83页。

⑤　转引自晏绍祥《荷马史诗中的民众大会及其政治作用》，《华中师范大学学报》2000年第六期。

⑥　刘家和、王敦书：《世界史—古代史编》，高等教育出版社1994年版，第156页。

⑦　郝际陶：《古代希腊研究》，东北师范大学出版社1994年版，第99—100页。

⑧　晏绍祥：《荷马史诗中的公民大会及其政治作用》，《华中师范大学学报》2000年第六期。

贵族都不能忽略它的存在。

民众大会的召开地点因时间和地理条件的不同而不同。在特洛伊，会场有时候在神庙不远处，有时候则在宫殿内举行。在伊大卡似乎是在城市内举行。在战场上，会址不固定，只要地方合适就可以。

由于妇女完全被排斥在政治生活之外，所以能够或者有资格出席民众大会的，只能是公社的全体男性公民，如果在战场上，民众大会则由全体战士组成。

民众大会讨论的问题十分广泛。所有与全体人民有关的问题都要拿到会上讨论。氏族贵族议事会作为荷马时代最主要的政治形式或者机构，一般情况下，都是直接处理和解决所要讨论的问题，如果在付诸实施之前不需要通过群众，就不用召开由氏族贵族和广大平民参加的民众大会了。[①] 在史诗中，我们经常看到召开民众大会前召集贵族议事会的例子，例如史诗中当阿伽门农决定召开民众大会之前，首先就召开了一个有高级首脑人物参加的氏族贵族议事会。这次为民众大会准备的氏族贵族议事会开的时间很短。在随后的民众大会上除了受到臭骂的特尔西特斯（Thersites）之外，发言的只有阿伽门农和两名氏族首领，普通民众根本没有发言的权利。

荷马曾经做过描述：阿伽门农在公民大会上受到攻击时尚能按捺住性子，而军队一开出本邦，他就可以决定人的生死，他的确说过：

> 谁敢从这战场上逃走，
> 我就把他的臭皮囊扔去喂野狗，
> 杀人就看我张不张口。[②]

可见氏族贵族在荷马时代享有非常高的政治权利。普通民众则根本没有什么政治权利可言。

在某种情况下，民众大会也可以不经过氏族贵族议事会，而是由某个首领人物决定直接召开。据史诗记载，在阿卡亚人遭受了严重的灾难后，希腊军主将阿喀琉斯（Achilles）立即召集全军大会，意图弄明白为什么阿波罗动

---

① 胡庆钧主编：《早期奴隶制社会比较研究》，中国社会科学出版社 1996 年版，第 245 页。

② 荷马：《伊利亚特》，罗念生、王焕生译，人民文学出版社 1998 年版，（Homer, *Iliad*, translated by A. T. Murry, The Loeb Classical Library, 1924 – 1925), 1. 391 – 393。

怒，以期结束瘟疫。① 在这次民众大会上，唯一发言的平民是占卜师卡尔卡斯（Calchas），但是他也要得到阿喀琉斯的庇护才敢于发言，这表明民众大会并不具备代表普通民众发表意见的权利。而在民众大会上主要就是阿喀琉斯和阿伽门农之间的争吵，平民提意见的权利是极其有限的，一点也不能违背贵族的最高代表人物阿伽门农的意志。

在阿伽门农和阿喀琉斯争吵之后，民众大会又一次召开，这一次主要是为了解决两个人之间的矛盾而召开的，在这次民众大会上，发言者只有他们两个人和奥德修斯国王，没有提到任何一个平民发言。②

《荷马史诗》中所记载的最后一次民众大会是在特洛伊战争结束后召开的，大会由阿伽门农和其兄弟共同主持召开，结果两个人由于意见分歧，产生了严重的分裂。在这次民众大会上，我们仍然没有见到平民的身影。

史诗中所记载的几次民众大会的召开情况，除了一次召开前有贵族议事会的准备以外，其余几次都没有任何准备，都是由首脑人物直接召开的。所有的民众大会都没有能够表达平民的意见，平民只能对贵族的意见进行欢呼赞成，而不能反对。所以，摩尔根所说的荷马时代是三权分立的政府是不正确的，它缺乏史实来证明。

通过分析《荷马史诗》中所记载的民众大会情况，我们可以推测出，不管平民在民众大会中的地位如何，也不管民众大会是否经常召开，其在荷马时代确实还具有相当重要的职能，有关全体的大事，都会被提交到民众大会上进行讨论。但它毕竟不同于古典时代的民众大会，因为它缺少定期集会的制度，所讨论的问题也只是局限于召集人的兴趣。在民众大会上发言的都是氏族贵族，发言者也从来不向人民呼吁。民众大会既没有投票制度，也从不通过任何决议。即使偶尔通过什么决议，我们也怀疑其是否能够贯彻和执行。因此，在荷马时代的政治舞台上，民众大会大多数时候只是个被动的看客。③民众大会很少能通过什么决议，如果碰巧某项提议得到通过，民众大会也只能把它委托给决议的倡议者——氏族贵族来执行。而决议能否得到顺利实施，又取决于执行者自身实力的强弱。因此民众大会的所谓决议，不过是软弱无

---

① 荷马：《伊利亚特》，1. 52。
② 荷马：《伊利亚特》，19. 39 – 135。
③ 晏绍祥：《荷马史诗中的公民大会及其政治作用》，《华中师范大学学报》2000 年第六期。

力的舆论而已。古典时代公民大会在城邦中的主导地位，正是平民摆脱了对贵族的依附、取得政治和经济独立的结果。但荷马时代的民众大会离这一步显然还有很大的距离。

第二节　梭伦改革

西方民主是权贵资本主义。现在许多人在批评权贵资本主义。其实，按照奠定了西方政治发展基础的孟德斯鸠的逻辑，西式民主从一开始就是权贵资本主义。孟德斯鸠认为，真正的民主必须建立在财富相对平等的基础上。他在《论法的精神》中指出，平等是民主的基本精神。他说："热爱民主就是热爱平等"，"热爱民主政治就是热爱简朴"。同有些人只关注权利平等不一样，孟德斯鸠在这里谈论的平等主要是事实上的平等。他在《论法的精神》第五章中，列举了欧洲历史上的所谓共和政体限制财富集中的例子，包括平分土地（如古罗马）、限制遗产继承、限制财产的转赠等。他间接地指出，限制私有财产的集中是实现平等的手段，进而是实现民主的手段。他认识到，在私有制下要实现事实上的公平是一种空想。所以他变通地说道，尽管在民主政治之下，真正的平等是国家灵魂所在，然而，要建立真正的平等并非易事。因此，绝对的平等不一定总是合适的。

某种程度上，财富上的平等是民主政治的基础。按孟德斯鸠的逻辑，没有平等的基础就没有民主，实现平等是实现民主的前提。所以，均贫富、抑豪强是推动民主的基本前提。

由于史料的缺乏，我们并不能十分清晰地勾勒出梭伦（Solon）改革之前的雅典政治发展史。因此对于荷马时代到梭伦改革时期的政治发展进程，尤其是公民大会的发展变化我们几乎是一无所知。[①]甚至有学者认为在梭伦改革之前根本就不存在什么公民大会。[②]所以对这一时期的历史由于史料的缺乏，本书也没有进行分析，而是直接进入到我们所熟悉的梭伦改革时期。

---

① W. R. Halliday, *The Growth of the City State: Lectures on Greek and Roman History*, Kitchener, 2001, pp. 80 – 101.

② Freeman, K. *The Work and Life of Solon*, 1926, London, p. 50.

梭伦是一个出身高贵，资产中等，对经商感兴趣而又富有自信并有一定名望的政治家，他反对矫枉过正的做法。①

通过对梭伦残篇和其它相关方面的研究，学者们已经能够对于梭伦改革前的雅典社会经济状况和政治状况进行分析，并得出一些初步的结论。② 随着经济的迅速增长，公元前7世纪雅典社会危机也在不断加剧。尤其是雅典平民与贵族之间的斗争已经到了不可调和的地步，内战大有一触即发之势。社会危机的严重，使贵族和平民最终一致同意选择梭伦作为仲裁者，担任公元前594年的执政官，并授权其对雅典进行改革，以缓和社会矛盾。

我们对于梭伦当选的方式并不明了，但是他的当选一定是获得了贵族的同意，因为贵族在当时的危机面前无计可施，也希望能够通过改革以缓解社会矛盾，平民也希望梭伦能够为他们带来好处，改变他们当时的不利处境。

许多雅典后期的改革都被归于梭伦的名下，实际上根据古典史料，我们现在能确定的属于梭伦改革的内容只有两项：

一是取消债务，废除债务奴役制。债务奴役制的废除使雅典氏族贵族不能再压迫本民族公民，债务奴隶被释放，被卖到国外的债务奴隶也被买回来。关于这一改革对雅典经济上的冲击一直是学者关心的热点。③ 但是撇开经济因素不谈，我们会发现，废除债务奴役制使雅典公民权首次清晰起来，公民从此开始作为一个整体出现在雅典政治舞台上，虽然公民也划分为四个不同的等级，并且不同等级享受不同的政治权利。但是公民与奴隶之间的界限已经清晰地划分开来，而且这种关系是不可逾越的。从此以后，作为公民即使在经济上他多么失败，他也不必再恐惧会因此而卖身为奴了。而且梭伦还放宽了对公民权的限制，他授予那些携家来雅典的手艺人以公民权，这极大地促进了雅典经济的发展，在公元前6世纪期间，雅典凭借其优质陶土，把所有其它城邦都排挤出陶器市场。④

二是取消了官员选举的出身限制，把全体公民按财产的多少分为四个等

---

① 安德鲁斯：《希腊僭主》，商务印书馆1990年版，第88页。

② A. French：*The Economic Background to Solon's Reforms*，The Classical Quarterly，Vol. 6，No. 1/2，pp. 11－25.

③ A. French：*The Economic Background to Solon's Reforms*，The Classical Quarterly，Vol. 6，No. 1/2，pp. 11－25.

④ 安德鲁斯：《希腊僭主》，钟嵩译，商务印书馆1997年版，（A. Andrewes，*The Greek Tyrants*，New York，1956）第90页。

级，每个等级分享不同的政治权利。① 根据财富的多少而不是根据出身来划分等级是雅典历史上的第一次。此后，执政官等高级官职只能由第一、二等级的公民来担任，世袭贵族不再独享此政治权利。由于财富不同于出身，它认可了雅典富有公民集体的流动性，这样因为致富而富有的平民因此可以升至高等级并担任执政官等官职，而世袭贵族如果因为财富的减少也可能沦为下一等级，失去担任高级官职的权利。

　　虽然梭伦自称手拿大盾，不偏不倚，但是梭伦的改革并没有使当时冲突的双方满意。

> 我所给与人们的适可而止，
> 他们的荣誉不减损，也不加多；
> 即使是那些有势有财的人，
> 也一样，我不使他们遭受不当的损失；
> 我拿着一只大盾，保护两方，
> 不让任何一方不公正地占据优势。②

　　实际上，梭伦的改革对于雅典的上层公民来说是极为有利的。取消债务、废除债务奴役制虽然看起来好像对富人不利，但是也正因为如此改革而缓和了贵族和下层公民之间的紧张对立关系，使社会趋于安定。③ 上层公民的社会地位也因此更加稳固。平民在斗争中也获得了一定程度的胜利，如果没有平民的胜利，那么城邦公民集体也就无从产生，公民集体专政的格局也就无从形成。④

　　正因为如此，对于雅典民主批评多于赞扬的亚里士多德对于梭伦给予了高度的赞扬。

> 梭伦，有人认为他是一位出色的立法者，因为他结束了寡头制的恣意妄为，将平民从奴役中解放出来，创立了早期的平民政体，给城邦带来了和睦。⑤

---

① K. M. T. Chrimes, *On Solon's Property Classes*, The Classical Review, Vol. 46（1932），2－4.
② 亚里士多德：《雅典政制》，12.2。
③ 邹益：《试论梭伦改革与稳定的关系》，人大复印资料《世界史》1993 年第二期。
④ 晏绍祥：《梭伦与平民》，《华中师范大学学报》1994 年第三期。
⑤ 亚里士多德：《政治学》，1273b35。

　　为反驳梭伦创建激进民主政治的观点，亚里士多德强调，雅典后来产生的激进民主制度和梭伦没有关系，因为在激进民主制度下，由于穷人可以领到津贴，有暇从政，结果常常是"法律渐渐失去了固有的尊严而贫穷群众遂掌握了这种政体的最高治权"。①

　　关于梭伦改革时期的公民大会，学者有很多争论。古典作家亚里士多德在《雅典政制》中记载，梭伦时期已经允许第四等级的公民参加公民大会和充当法庭的陪审员。② 罗德斯认为，梭伦并没有给第四等级公民参加公民大会的权利，克里斯提尼才是第一个承认第四等级公民可以参加公民大会的民主派领袖。③ 而希格奈特则认为，在梭伦改革之前，公民大会主要由能自备武装的战士构成，梭伦改革只是第一次肯定所有公民都具有参加公民大会的权利，第四等级无疑也可以参加公民大会。④

　　基托则认为，在梭伦改革之前，所有的公民都可以参加公民大会，并且其力量也以各种我们并不太清楚的方式得到加强，而且已经需要一个"四百人议事会"为公民大会做事务性的准备。⑤ 而安德鲁斯则认为梭伦改革之前，人们很少集会，梭伦改革则规定了定期召开公民大会的制度，从这时候起，立法以及处理较重要的国策问题，都要被提交到公民大会上来进行讨论了。⑥

　　实际上，我们今天能见到的关于梭伦时期公民大会记载的文献很少，只是在埃斯奇奈斯和德摩斯梯尼的演说中有关于限制演说家的一些法令，据说是在梭伦时期就已经制定了。

　　　　的确，我希望五百人议事会和公民大会能够考虑以前由梭伦制定的法律：保证公民大会的演说秩序。梭伦的法律规定，法律允许最年长的公民首先上台发言，而且公民不允许打断演说家的演说，即使是卑微的公民，只要他的建议对城邦有益，也允许他表达自己的看法。依据年龄的大小，轮流表达自己的观点，我认为只有如此，这个国家才是由最好

---

　　① 亚里士多德：《政治学》，1293a10。
　　② 亚里士多德：《雅典政制》，7.4。
　　③ P. J. Rhodes, *A Commentary on the Aristotelian Athenaion Politia*, Oxford, 1981, p. 140.
　　④ C. Hignett, *A History of the Athenian Constitution to the End of the Fifth Century B. C.* Oxford, 1952, p. 143.
　　⑤ 基托：《希腊人》，徐卫翔、黄韬译，上海人民出版社1998年版，第122页。
　　⑥ 安德鲁斯：《希腊僭主》，第92页。

的政府统治的，诉讼也会减少。①

笔者认为梭伦改革了公民大会，并以立法的形式把公民大会的权力确定下来。至少第四等级的公民已经可以参加公民大会，并且可以通过投票表达自己的心声和看法。

但是，由于这一时期还是贵族统治，公民大会的召开次数以及要处理的问题都很少，所以我们有理由相信，第四等级即使参加，他们的作用也不明显。公民大会对于第四等级公民来说没有什么实际的作用，因为他们几乎不可能在公民大会上发言，因此也就很少参加了。而且，公民大会的议事日程必须首先经过一个新成立的议事会的预备立案才能被提到公民大会上来讨论。

这个议事会被称为四百人议事会，关于四百人议事会，史学界有各种争论。按照亚里士多德记载：

> 梭伦又创立了一个四百人议事会，每部落一百人。②

但亚里士多德并没有对四百人议事会做详细的说明，其职能和作用还不清晰。希格奈特甚至认为在梭伦改革时期，雅典政治还没有成熟到创立新议会的程度，而且当时雅典也不需要这样一个议事会，史料中也没有留下任何关于四百人议事会的记载。③ 而支持存在四百人议事会的学者则认为，希罗多德曾记载四百人议事会在克里斯提尼改革斗争中发挥了中坚作用，正是四百人议事会领导民众对贵族反对派进行成功的武装反击，成为雅典国家最有力的常设机关。④ 普鲁塔克也认为，有了贵族议事会和四百人议事会，就好像有了两个锚，就不容易受到巨浪的震撼，民众也就会大大地安静下来。⑤ 亚里士多德认为公元前508年，率领雅典人抵抗斯巴达的就是四百人议事会，而不是贵族议事会。国内学者也对四百人议事会作了初步的研究和探讨，如胡钟达先生就认为，四百人议事会"不仅是雅典政治制度上的一大创新，很可能是世界政治制度史上的一大创新，它是近代'代议制'的滥觞"⑥。

---

① Aeschines, *Against Ctesiphon*, The loeb Classical Library, 1944, 3. 2.
② 亚里士多德：《雅典政制》，8. 4。
③ 希格奈特：《雅典宪政史》，第92—96页。
④ 希罗多德：《历史》，5. 66 – 78。
⑤ 普鲁塔克：《希腊罗马名人传》（上册），黄宏煦主编，商务印书馆1990年版，第186页。
⑥ 胡钟达：《古典时代中国希腊政治制度演变的比较研究》，《内蒙古大学学报》1996年第六期。

安德鲁斯也认为，梭伦设立了四百人议事会，虽然组成情况不是很详细，但是，前三个等级的公民是合格的，第四等级则没有资格参加。[①]

奥伯认为在公元前 508 年革命中的议事会有三种可能：四百人议事会、贵族议事会或者五百人议事会。不管是哪个议事会，我们都认为该议事会在革命中的作用很小，是民众自发的组织挽救了雅典，即使是克里斯提尼本人在其中发挥的作用也有限。[②]

郭小凌先生认为，梭伦是对雅典民主改革的车轮给以第一下动力的关键人物。他重新分配了国家权力，设立了两个无财产资格限制的新国家机关——四百人议事会和公民法庭，平民因此而首次握有直接和具体的国家权力。因此，承认在雅典存在四百人议事会这样一个议事机构。[③]

所以，我们认为在梭伦改革时期应该建立了这样一个议事机构，只是它与公民大会的关系我们并不清晰而已。

梭伦还建立了陪审法庭。奥伯认为，梭伦所建立的陪审法庭可能就是以公民大会作为司法机关，去审判那些上层公民，防止他们的违法行为。[④] 不管这个陪审法庭的性质、组成如何，我们认为它的目的都不是为了限制上层公民的权力，实际上也无法限制。只不过，由于这些机构，使公民真正意识到自己是一个整体，而公民集体作为一种集体力量出现在雅典政治舞台上，从长远看也必将削弱贵族和上层公民的权力和利益。但是，无论是梭伦还是他同时代的人还都没有意识到这一点。

斯塔尔就认为，梭伦的政治改革，从短期来看几乎没有什么影响，当时也没有人能够预见其改革的后果，但是这些改革措施经过后来的克里斯提尼和厄菲阿尔特时期的充分发展，却最终使雅典走上了全面民主的道路。[⑤]

梭伦改革奠定了雅典民主发展的方向。虽然古典作家和现代学者对于雅典民主出现还有争论，但是我们都不能否认一点，雅典以后民主道路的走向基本上都是在梭伦改革的框架内进行不断的发展变化。因此称梭伦是雅典民

---

① 安德鲁斯：《希腊僭主》，第 92 页。

② Ober, *The Athenian Revolution*, Princeton, 1996, p. 48.

③ 施治生、郭方主编：《古代民主与共和制度》，中国社会科学院出版社 1998 年版，第 171 页

④ Ober, *Mass and Elite in Democratic Athens*, Princeton, 1989, p. 100.

⑤ Starr, C. *The Birth of Athenian Democracy*：*the Assembly in the Fifth Century B. C.*，Oxford，1990，p. 8.

主政制的建立者也不无道理。①

第三节　庞西特拉图僭主政治

虽然梭伦能够成为僭主，但是他却没有使自己成为僭主。

> 尽管他如果随意袒护一方，就有成为僭主的可能，他却宁愿遭受双方仇恨，而采取最优良的立法，拯救国家。②

梭伦在改革之后就出外远游去了。③ 然而政治动荡在梭伦改革后却再一次爆发了，这一次它在雅典产生了当时许多希腊城邦所能产生的——僭主。④ 中西方学者都普遍把庞西特拉图父子统治时期划入雅典的民主时期，称之为"系于一人"的民主。⑤ 有学者认为，庞西特拉图事实上是在梭伦退隐政坛的背景下应运而生的，旨在贯彻和深化梭伦改革，从而客观上是为民主政治全方位夯实基础的一个人物。他与梭伦的区别仅在于他的"僭主"名号和铁的手腕。单有作为立法者的梭伦，民主政治不能自动稳固下来。因此，可以称庞西特拉图是"带卫队的梭伦"。⑥ 但庞西特拉图父子是僭主，是靠政变和暴力夺得政权，而且父传子位，怎么就成了"民主制"？世界上有"系于一人"的"民主"？

民主决定于参与，古代雅典直接民主主要是民主参与的广度问题，也就是参与的公民数量问题。梭伦改革对于参加政治的公民有了财产上的限制，所以真正能获得权利的人数并不是很多，贵族还是占有绝对的优势。但是，到了僭主统治时期，财产限制已经在一定程度上失去了意义，因为很多时候

---

① 廖学盛：《公元前6—前4世纪雅典民主政治的若干问题》，载日知主编《古代城邦史研究》，人民出版社1989年版；《古代雅典民主政治的确立和阶级斗争》，《世界历史》1989年第六期；《试析古代雅典民主产生的条件》，《世界历史》1997年第二期。

② 亚里士多德：《雅典政制》，11.2。

③ 亚里士多德：《雅典政制》，11.1—2；郭小凌：《梭伦改革辨析》，《世界历史》1989年第六期。

④ 基托：《希腊人》，上海人民出版社1998年版，第123页。

⑤ 应克复等：《西方民主史》，中国社会科学出版社1997年版，第48页。

⑥ 毕会成：《庞西特拉图：带卫队的"梭伦"——庞西特拉图的历史地位谈》，《辽宁师范大学学报》2002年第四期。

是僭主一个人决定国家的大政方针，尤其是外交和军事政策等。当许多人一致同意的意见可以被一个人或者少数人否决时，人民肯定不是统治者。所以在僭主统治时期，雅典绝对不能称得上是民主政治时期。

而且僭主登上历史舞台也并不是平民与贵族斗争的结果，而是贵族内部相互争夺权力、相互倾轧的结果。雅典民众实际上并没有积极参与其中。唯一提及公民大会的地方就是，据普鲁塔克所记载，庇西特拉图曾经以受伤为由取得了公民大会的支持，公民大会给他一队用棍棒武装起来的卫队，正是有了这些卫队的帮助，他夺取了雅典卫城，并自立为僭主。因此僭主的统治对于民众来说与以前的贵族统治并没有什么不同。但是僭主是在与贵族斗争中夺取政权的，除了支持自己的氏族贵族外，其他贵族都是不可信任的，这样反而使民众成了他要争取的对象。为了得到民众的支持，僭主庇西特拉图反而大力支持民众。所以，僭主统治在雅典受到了下层民众的欢迎。在僭主庇西特拉图死后，其子西庇阿斯继续进行统治。

> 在他（庇西特拉图）死后，雅典处在西庇阿斯的统治下，仅在这些年，雅典真正处于僭主统治之下，在此之前，人们好像生活在科罗诺斯时代。①

庇西特拉图僭主统治时期，梭伦改革时期所创立的雅典民主政治机构都存在，并没有被废除。② 公民大会、议事会等可能依然照常召开，只是在表面的政治形式下，僭主保持最后的政治统治权力。③

许多氏族贵族认识到僭主统治的实质后，不愿意参与政治。因为僭主政治必然带有某种反贵族的倾向。安德鲁斯认为，在僭主统治时期，上层阶级要么进行无声的反抗，要么被流放他乡，别无他途可循。④ 僭主庇西特拉图本人也顺应时势，实行温和的政策，他保持了梭伦宪法的连续性。

在《雅典政制》中，亚里士多德重复表明他对庇西特拉图的看法

> 大部分贵族和平民都拥护他：他施展权谋密切了与前者的关系，又

---

① 亚里士多德：《雅典政制》，14.7。
② 亚里士多德：《雅典政制》，14.3。
③ 亚里士多德：《雅典政制》，15.5。
④ 安德鲁斯：《希腊僭主》，第117页。

在个人私事中给予帮助密切了与后者的关系，从而很好地控制了双方。①

此外在社会生活和文化领域，庇西特拉图通过实施公共建筑计划和强调国家祭祀、节日的重要性，将公民的注意力引向城市，削弱了狭隘的地方观念，培养了公民对国家的认同感和作为公民的自豪感，公民体与城邦一致的观念从此发展起来。完成了雅典人精神上的统一。这对雅典以后的发展起到了重要的作用，没有这种观念，希波战争时期的雅典公民不会那么勇敢，也不会产生与城邦同呼吸共命运的信念。而这一切都是庇西特拉图使雅典公民开始逐渐在精神上统一起来的结果。

> 虽然僭主制的终结受人欢迎，它也为雅典作了很多贡献。由于庇西特拉图小心地维护了梭伦的中庸的民主宪政的形式，雅典人民在一代人的时间里，在英明的监护下，受到了管理其自身事务的训练。②

雅典民主政治是经过长期而曲折的过程而逐渐发展起来的，如果说梭伦是对雅典民主改革的车轮给以第一下动力的关键人物，那么克里斯提尼改革则标志着雅典民主政治的最后形成。而庇西特拉图僭主政治不过是雅典民主发展过程中的一个曲折插曲，僭主本身并不是为了民主这一伟大的目标。古典时代的雅典人都认为庇西特拉图父子的僭主政治不是民主制，不然，雅典就不会把杀死僭主的两位雅典公民哈尔摩狄乌斯（Harmodius）和阿利斯托盖同（Aristogeiton）尊为"奉还公正的法律给雅典"和"使雅典成为一个法律面前人人平等的城市"的人。③

但是，庇西特拉图父子的僭主政治时期在政治上还不是完全的倒退，它的行政官员仍是选举产生。20 世纪 30 年代，美国考古学家在古代雅典的市镇中心挖掘出一块石碑，上面列出了始自公元前 520 年的所有执政官的名字，未来的民主改革家克里斯提尼也在其中，据此可以看出他对僭主政权完全是妥协的态度。可以说，庇西特拉图家族在某些方面上为克里斯提尼改革打好了基础。所以，笔者认为雅典民主制度真正开始于克里斯提尼改革时期，而

---

① 亚里士多德：《雅典政制》，16.9。
② 基托：《希腊人》，第 128 页。
③ 雅典尼乌斯：15.695a - b，转引自辛克莱尔《雅典的民主与参与》（Sinclair, R. K., *Democracy and Paticipation in Athens*, Cambridge, 1988），p. 2。

梭伦改革只是在相关条件不成熟的情况下，依靠梭伦个人的智慧，使雅典走向了发展民主的快车道，而僭主政治时期则是为其全面补课阶段。

第四节　克里斯提尼改革

希罗多德认为雅典民主政治的建立者是克里斯提尼。[①] 尽管有关改革的许多细节仍存在巨大争议，但学者们一般都承认，克里斯提尼改革后，雅典民主政治的基本制度已经大体形成。[②] 所以在学术界也基本上认为梭伦改革只是为民主政治的建立奠定了基础，并不认为梭伦创立了民主政治。[③] 本书在这里采用了郭小凌先生的观点，认为雅典民主政体是一系列历史渐变与突变过程的产物，梭伦改革构建了民主体制和社会基础的基本框架，克里斯提尼改革完成了贵族制向民主制的过渡，其后的厄菲阿尔特的宪政改革和伯里克利实行津贴制，形成了充分的民主政体。[④]

民主政治的建立，极大地调动了全体雅典公民参政议政的积极性，增强了他们的主人翁责任感，希罗多德在评价克里斯提尼改革的成果时说：

> 权利的平等，不是在一个例子，而是许多例子上证明本身是一件绝好的事情。因为当雅典人在僭主统治下的时候，雅典人在战争中并不比他们的邻人高明，可是一旦他们摆脱了僭主的桎梏，他们就远远超越了他们的邻人。因而这一点便表明，当他们受着压迫的时候，就好像是为主人做工的人们一样，他们是宁肯做个怯懦鬼的，但是当他们被解放的

① 希罗多德：《历史》，6.131.1；Robin Seager, "Herodotus and Ath. pol. on the date of Cleisthenes' Reforms," *The American Journal of Philology*, Vol. 84 (1963), 287–289。

② 顾銮斋：《谈雅典奴隶制民主政体创立问题的研究》，《齐鲁学刊》1998 年第三期。

③ 关于雅典民主政治的确立时间问题，学术界有三种不同的观点，一种认为梭伦是民主政治的建立者，见松涛《试论梭伦改革的历史地位》（《南充师院学报》1985 年第四期）。一种认为是克里斯提尼确立了民主政体，这可以说是国际学术界主流观点，1992 年西方举行雅典民主政治 2500 年纪念活动就是以克里斯提尼改革作为雅典民主政治的开端。第三种观点认为是厄菲阿尔特最终确立了雅典的民主政治。这种观点最早由普鲁塔克提出，但没有引起学者注意，顾銮斋认为厄菲阿尔特才是雅典民主政治的真正建立者。见《论雅典奴隶制民主政治的形成》（《历史研究》1996 年第四期）。

④ 郭小凌：《雅典民主制的形成和发展》，载施治生、郭方主编《古代民主与共和制度》，中国社会科学出版社 1998 年版，第 166—168 页。

时候，每个人都尽心竭力地为自己做事情了。①

正是在僭主统治和克里斯提尼改革的影响下，雅典城邦的公民意识得到空前加强。希罗多德把克里斯提尼支持平民的事业看作偶然的事件，说他是因为在僭主下台之后的贵族权力之争中处于不利位置，所以才要人民做他的伙伴。

克里斯提尼由于在斗争中处于劣势，便和民众结合到一起了。②

有些现代学者对克里斯提尼的自私动机加以指责，他们试图表明，克里斯提尼自己的家族有意要从他的改革中去大占便宜。③ 但是，不管克里斯提尼的目的何在，他仍不愧为一个真正的、理想主义的改革家。克里斯提尼新设的部落，与以往纯粹以血缘为基础的部落不同，它完全是人工的设计。十个部落分别为新的五百人议事会选派五十名议事员，进而议事员又依据各村的人口比例从各村选出。这就可以看出克里斯提尼改革的关键：五百人议事会在形成决议的时候，就不会局限于出席政治会议最方便的城市居民，而把阿提卡的各个部分都包括在内。

关于克里斯提尼改革在亚里士多德和希罗多德著作中有所记载，而且很多地方存在自相矛盾的地方。笔者认为，克里斯提尼在改革之前，由于贵族之间的斗争，克里斯提尼处于下风，所以他利用一些有利于民众的措施来争取下层的支持，但是改革并不是一朝一夕就能完成的，克里斯提尼首先可能提高了公民大会的地位，然后激起了民众的热情。随后在驱逐伊萨格拉斯之后才开始了其它方面的改革。

克里斯提尼对宪法作了彻底的改革，他创立了十个新的部落——每一个都有其祖先，每一个都有大致相等数目的德莫，彼此却不相连。克里斯提尼将阿提卡大致上分为三个区域：城市、内地、海岸，每一个新部落都由来自三个区域的分区所组成，因而每个部落的人口都是跨区域的，要商议事务时，自然就要来到雅典，这有助于城邦的统一。而且由于每一部落包括了农民、山地居民、城市的工匠和商人等，这样对地方和家庭的效忠在执政官的选举

---

① 希罗多德：《历史》，5.78。
② 希罗多德：《历史》，5.66。
③ 转引自约翰·邓恩编《民主的历程》，林猛等译，吉林人民出版社 2003 年版，第 9 页。

中就不大起作用了。他们必须在公民大会中表达自己的意见，才有可能得到承认。这一政治基础的转换带来了上层建筑的改变。梭伦改革虽然给了公民参加公民大会的权利，但是贫穷公民的作用是非常有限的。克里斯提尼改革则真正使公民大会成为唯一与最终的立法机构，执政官对它负责，这就使雅典民主政体完全建立起来。新部落本身又是由一定数量的德莫村庄组成，这种德莫共有 139 个①，新的五百人议事会的议事员就从这些德莫中产生。五百人议事会议员一生只能担任两次，一次为期一年。这样使大部分雅典公民都有可能参与其中。五百人议事会在某种意义上说起到了雅典政府的作用。

需要注意的是，克里斯提尼为了政治目的而建立了十部落之后，并没有改变任何人的居住地，只是使人的精神状态发生了变化。最初的四个部落仍然具有宗教意义，胞族、氏族和祭司仍存在。即使在古典时期，部落、胞族和氏族还选举自己的长官、通过规章，在公民生活和军事生活中仍起很大作用。

西蒙·霍恩布洛尔认为克里斯提尼对公民大会也作了规定，其人数定为 3 万。希罗多德就把这个数字作为雅典的估计总人口数。章程规定的法定出席人数为六千，恰好是总人数的五分之一，这表明克里斯提尼做的是某种一目了然的算术问题。这种暗合非常重要，因为与梭伦时期的公民大会相比，克里斯提尼可能规定了大会按月召开。② 克里斯提尼改革之后，雅典民主制度中仍有许多方面还不能说纯粹是民主的。例如贵族议事会依然保留了一些重要的立法职能；陪审员、议事会、公民大会，都还没有付薪，这表明决策仍由有钱人所把持；③ 梭伦的改革为执政官设定了资格限制，而且执政官是由选举而不是由抽签产生的，抽签直到公元前 487 年才实行。所以梭伦改革以后，虽然给每个公民提供了在城邦中发挥作用的机会，但是贫困阶层的作用是非常有限的。④ 十将军也是由选举产生，这个机构以部落为基础，它是在克里斯提尼改革六年以后才创建的；⑤ 需要强调的一点是，古代的民主与现代民主有

---

① David Stockton, *The Classical Athenian Democracy*, Oxford, 1991, p. 57.

② 约翰·邓恩编：《民主的历程》（John Dunn, ed. *Democracy*: *The Unifinished Journal*, 508 *B. C. to A. D.* 1993, Oxford, 1992），吉林人民出版社 2003 年版，第 10 页。

③ 约翰·邓恩编：《民主的历程》，吉林人民出版社 2003 年版，第 11 页。

④ 基托：《希腊人》，第 130 页。

⑤ 亚里士多德：《雅典政制》，22.2。

一个明显的不同，古代民主更强调抽签，而认为选举并不是真正的民主。

此外，克里斯提尼还提出了一项由公民大会控制、执行的陶片放逐法[1]。郭小凌先生认为陶片放逐法打击的对象为威胁现行体制的政治家，而具有威胁能量的政治家只能是贵族或一、二等级的富有公民，这就把清一色由贵族或富人组成的贵族议事会和高级行政机关置于公民大会的严格控制之下，梭伦体制残留的贵族制因素因此受到致命打击，以平民为主、包括部分贵族在内的人民主权已成定局。[2]

西蒙·霍恩布洛尔认为，克里斯提尼的改革只是针对长期的地方性问题作出的纯粹的地方性反应。他不是要针对什么是政治和社会的善，为人类甚或只是为希腊人，引入、实践一个前后一贯、经过深思熟虑的一般概念，克里斯提尼的同时代人也不可能想象到，他的改革开创了一种政体形式，后来竟成为各个民族政治合法性的基准，一个事实上不可动摇的基准。[3] 而此后发生的扭转雅典人命运的希波战争则加速了雅典民主政治的发展。

第五节　公元前 5 世纪

公元前 5 世纪的雅典是一个英雄辈出的年代，泰米斯托克利、阿里斯提德、西蒙、厄菲阿尔特、伯里克利等是活跃在这一时期的著名政治家。他们为推动雅典民主制度的发展作出了自己独特的贡献。

克里斯提尼改革确立了雅典的民主制度。然而，如果没有希波战争这一外在因素，雅典公民的参政热情是不会被马上调动起来的。正是因为希波战争的爆发使雅典城邦面临生死存亡的考验，才使公民的参政热情空前高涨起来，也使第四等级公民在雅典政治生活中的作用突出起来。

希波战争是以雅典为核心的希腊城邦和波斯帝国之间的战争。公元前 500年，米利都发动爱奥尼亚诸城邦反抗波斯统治的斗争是希波战争的前奏。米利都失败后，波斯帝国于公元前 492 年开始进攻希腊本土，战争断续绵延了

---

① 亚里士多德：《雅典政制》，22。
② 施治生、郭方主编：《古代民主与共和制度》，中国社会科学院出版社 1998 年版，第 180 页。
③ 约翰·邓恩编：《民主的历程·总序》，吉林人民出版社 1999 年版。

四十三年。直到公元前449年，雅典才和波斯缔结和约。

历时半个世纪的希波战争最终以波斯帝国的失败而告终。在抗击强大的波斯帝国军队的斗争中，新生的雅典民主政治经受住了战争的严峻考验，同时战争也反过来促进了雅典民主政治的发展。

首先，生死存亡的战争使雅典公民集体空前团结起来。虽然贵族阿里斯提德与泰米斯托克利有矛盾，但是为了抗击波斯入侵，二人还是携手主持了修建城墙的工作。

> 虽然他们两个人意见不合，但城墙之重建却是由这两位政治家联合主持。①

下层雅典公民的政治地位在战争中也得到了提高。因为战争使雅典走上了发展海上实力的道路，扩建海军直接壮大了民主派的力量，加快了雅典民主化的进程。② 梭伦改革中，第四等级公民的收入竟然不足200斗，他们的财力决定了他们不能为国家尽更多的义务，所以也就没有什么权利可言。希波战争爆发后，这些生活在雅典最底层的贫苦百姓却时来运转。雅典海军大部分来自于第四等级，海军地位的提高也无形中提高了他们的政治地位，增强了他们的政治作用。③

希波战争中的萨拉米斯海战胜利，使第四等级在雅典民主制中的地位获得了很大的提高。他们成为城邦军事力量的主体，连伪色诺芬也承认："只有雅典的群众和贫民过得比出身高贵而又富有的人更好才是正义，因为正是他们组成舰队的主力并使国家强大起来……鉴于这种情况，只有将所有以投票或举手方式选出的官员向所有公民开放，发言权属于任何愿意发言者才算正义。"④ 希波战争为雅典公民在较短时间里获得民主权利提供了有利的契机。所以公元前480年，雅典废除了一切行政官职任选的财产限制，规定每个公民在法律上享有选举权和被选举权，这极大地推动了民主化的进程，使第四等级公民不但有权参加公民大会和充当陪审员，而且可以担任一些没有其它

---

① 亚里士多德：《雅典政制》，23.4。
② Frost, F. J. *The Athenian Military before Cleisthenes*, Historia 33：283 – 294.
③ Anthony J. Papalas, *The Parian Expedition and the Development of the Athenian Navy*, A. H. B. (2000) 107 – 119.
④ Ps. Xeno, *The Constitution of the Athenians*, The Loeb Classical Library, 1. 2.

资格限制、由抽签选举的官员。从此以后，他们不再受贵族的歧视，而是能够以国家主人翁的姿态扬眉吐气地生活在本国或同盟国的领土上，对奴隶和异邦人发号施令了。

纵观雅典民主政治的成长历程可以看出，从梭伦到庇西特拉图和克里斯提尼，雅典民主政治的发展虽然给下层公民以一定的好处，但是氏族贵族还是在各个方面一定程度上控制着政治机构。这并不是改革家的疏忽之处，而是他们对雅典内部斗争形势的准确估价。如果他们对贵族的经济利益提出过分激进的主张，势必会引起贵族的强烈反击，改革可能也会因此而过早夭折。贵族所拥有的经济和军事实力，以及贵族议事会的政治功用都时刻威胁着民主政治的存在，如果不能有效地解决这一问题，民主政治就时刻面临着失败的危险。如何削弱氏族贵族的强大势力呢？只靠几位民主改革家的努力是远远不够的，氏族贵族不会自动退出历史舞台。而希波战争的爆发正好给了民主派一个千载难逢的机会。

希波战争爆发后，克里斯提尼所制定的陶片放逐法首次开始实行。① 这是人民行使自己权利的最好体现，因为每一个人都可以按照自己的意愿去投票，来决定是否放逐那些威胁城邦安全的贵族。而且放逐法要求至少有6000公民参加公民大会才能有效，可见在希波战争时期，公民的参政热情是很高的。

泰米斯托克利之后，雅典贵族派的代表人物客蒙登上了政治舞台。在对外政策上，他推行结好斯巴达的政策。公元前462年斯巴达发生地震，希洛特奴隶举行暴动的时候，斯巴达向雅典求援，客蒙率领军队去援助斯巴达。但是，在雅典军队还没有到达斯巴达的时候，斯巴达国内形势发生了变化，在雅典军队到达边界的时候遭到了斯巴达的拒绝。② 这次事件激发了国内民主派对客蒙的不满，以厄菲阿尔特和伯里克利为首的民主派乘机发动攻势。他们放逐了客蒙，并且对最后一个非民主政治机构贵族议事会进行了改革，使其丧失了以往的特权和地位。实际上，这次改革与雅典平民的发展壮大也不无关系。雅典在成为海上强国后，平民的力量因海军的发展进一步壮大。厄

① 亚里士多德：《雅典政制》，22.3。
② Edmund F. Bloedow, *Why did Sparta rebuff the Athenians at Ithome in 462 BC?* A. H. B. (2000), 89 – 101.

菲阿尔特顺应形势的发展，剥夺了贵族议事会的所有政治职能，将它们分别移交给公民大会、五百人议事会和陪审法庭，只给贵族议事会保留宗教案件的审判权。这样，唯一能够集中反映贵族意愿的政治堡垒便名存实亡了。雅典全体公民和国家机关摆脱了贵族议事会的强力控制，开始按照自己的意志行事，从此，雅典民主政治内已无任何非民主成分的制约，贵族不再是对民主构成威胁的力量，民主制也开始能有效保证平民的利益和平民参政、主政的权利。①

厄菲阿尔特的改革极大地削弱了贵族派的传统权力，因此贵族经过密谋，最后暗杀了他。② 厄菲阿尔特死后，伯里克利继承了他的事业，将民主政治的发展推向了高峰。

伯里克利（Pericles，约公元前495—前429年）是古希腊著名的民主政治领袖，雅典民主派的代表人物。在厄菲阿尔特被杀之后，伯里克利成为雅典民主派的领袖和最有影响的人，他从政近40年，其中连续15年担任将军，开创了雅典历史上的伯里克利时代。③

伯里克利时代，公民除了可以通过抽签而担任各级行政管理官员以外，公民参政主要是通过公民大会来体现。修昔底德记载了公民大会三次重要的讨论：是否与科西拉结盟、回复斯巴达的最后通牒和决定密提林的命运，都没有提到议事会，因此伯里克利时期的公民大会是城邦的主要决策机构，议事会不可能限制公民大会的权力，而只是作为它的附属机构。对于公民大会，亚里士多德的记载可能适用于公元前5世纪下半叶。在公民大会上，任何公民都可以发言，官员也没有特权。当时公民大会召开次数大约是每个主席团任职期间召开四次，但是在特殊情况下，由将军要求或五百人议事会认可，也可以召开紧急公民大会。公民大会的参加者一般不会很多，能有5000人就已经很不错了。而且参加者也以城郊和市区居民为主。公民大会不一定能如期举行。

规定与现实是有差距的。伯里克利统治时期，他本人实际上成了雅典的

---

①　杜平：《古希腊政体与官制史》，湖南师范大学出版社2001年版，第96页。

②　Roller, D. W. "Who Murdered Ephialtes?" *Historia* 38 (1989), 255–266.

③　H. T. Wade–Gery, *Thucydides the son of Melesias: A Study of Periklean Policy*, JHS52 (1932), 205–227.

第一公民。所以修昔底德称其统治时期，"雅典虽然名义上是民主政治，但事实上权力掌握在第一公民手中。"① 有学者甚至认为伯里克利在连任将军的 15 年间，是一位几乎握有全权的独裁者。他可以按照自己的意志决定是否召开公民大会，进行战争动员和部署。当他的坚守城池政策遭到非议的时候，他却不召集公民大会来讨论任何行动步骤，而是自行安排一切。公民大会几乎成了他指挥的工具。② 实际上，无论伯里克利在雅典民主政治中地位如何之高，他都不能不受到公民大会的制约，不要忘记了，他也被公民大会处罚过。在笔者看来，他只是利用自己的威望来防止雅典民主在狂热的情形之下做出错误的决定，进而走上错误的道路而已。

经过厄菲阿尔特和伯里克利改革，在公元前 5 世纪，雅典民主制度不仅在雅典确立并完善起来，而且随着帝国的建立，雅典还积极向盟邦推行民主，扩大自己的影响。盟邦的捐款也在一定程度上促进了雅典民主政治的发展。③ 而且，参与政治已经成为大部分公民的一种生活方式。一个不关心政治的人，在雅典人看来不是一个完全意义上的人。伯里克利曾对雅典民主有过清晰的界定：

> 我们的制度之所以称为民主政治，因为政权掌握在全体公民手中，而不是在少数人手中。……任何人，只要能对国家有所贡献，决不会因为贫穷而在政治上湮没无闻。……在我们这里，每个人不仅关心私人事务，也关心国家事务，就是那些最忙于自己事务的人，对于一般的政治事务也是很熟悉的——这是我们的特点。④

---

① 修昔底德：《伯罗奔尼撒战争史》，徐松岩、黄贤全译，广西师范大学出版社 2004 年版，(Thucydides, *History of the Peloponnesian War*, Translated by C. F. Smith, the Loeb Classical Library, 1921–1930), 2.7.65。

② 郝际陶：《古代希腊研究》，东北师范大学出版社 1994 年版，第 218 页。

③ 关于这一点，学界有很大争议，琼斯认为，雅典在伯罗奔尼撒战争之后才实行公民大会津贴，并继续实行民主政治，表明盟邦捐款和民主政治并没有必然的联系。本书倾向于认为，盟邦捐款只是在一定程度上促进了民主政治的发展，公民大会津贴的实行在战后也并不能否认盟邦捐款对雅典民主政治的促进作用。

④ 修昔底德：《伯罗奔尼撒战争史》，徐松岩、黄贤全译，广西师范大学出版社 2004 年版，2.37.1—3, 2.40.2。

第六节　寡头政变

　　雅典帝国众多附属国的贡款为国家对公民政治服务提供了款项，将民主推向极致，因此也缓解了雅典有钱人的怨恨情绪。① 许多希腊城邦都受到内乱的困扰，雅典不同寻常地避免了这一切，这在相当程度上归因于各阶级从帝国事业中得到的物质收益。这种状况一直持续到公元前 415 年。

　　　　盟国捐款成为雅典财政收入的重要组成部分。同盟捐款总额，公元前 454 年为 400 塔兰特，公元前 431 年增至 600 塔兰特，公元前 426 年激增到 1300 塔兰特。②

　　　　阿里斯提德"就劝告人民，抛弃田园，入居城市，务以取得领导权为目的，告诉他们说，人人都会有饭吃，有的人服兵役，有的人当守卫军，有的人从事公社事情，这样他们就可以保持领导地位。人们采纳这种劝告，并获得了霸权，于是对待盟国，十分专横"。③

　　公元前 415—前 413 年，在西西里远征失败后，负担海军的费用完全落在了有钱人的身上，民主制度旋即被推翻。

　　　　尽管雅典人首次从他们自己公民中征收了 200 塔兰特的捐款，但是他们还需要更多的钱款，以供围城之用。④

　　在伯罗奔尼撒战争后期，雅典发生了两次寡头政变。一次是在公元前 411 年，一次是在公元前 404 年。⑤ 短短 7 年时间，雅典就发生了两次政变，一方面是由于战争改变了公民内部的力量对比关系，另一方面也是国外力量干涉的结果。

---

① 约翰·邓恩编：《民主的历程》，吉林人民出版社 1999 年版，第 12 页

② 杜平：《古希腊政体与官制史》，湖南师范大学出版社 2001 年版，第 95 页

③ 亚里士多德：《雅典政制》，24. 1—2

④ 修昔底德：《伯罗奔尼撒战争史》，徐松岩、黄贤全译，广西师范大学出版社 2004 年版，3. 19. 1

⑤ M. O. B. Caspari, "On the revolution of the four hundred at athens", *The Journal of hellenic Studies*, Vol. 33 (1913), 1 – 18.

任何改革都有其受益者，也都有其利益受损者。贵族在雅典民主政治
改革中，利益受损是一定的，古典作家就多次批评雅典民主是穷人的民主。
但是，雅典民主制度早已经深入人心，贫穷公民已经不是以前在政治上毫
无作为的一个群体。所以，在民主派领导人的带领下，两次政变很快就失
败了。①

寡头政变时期，雅典享有政治权利的公民人数大大减少了，在公元前431
年的时候，雅典公民大约有四万人，而寡头政变时期，真正掌握权力的就是
四百人议事会和三十僭主。享受公民权的人数被限定在一个很小的范围。公
民大会的参加者仅限于那些重装步兵，第四等级公民失去了参加公民大会的
权利。② 德·圣·克罗阿认为寡头政变时期，第四等级并没有失去参加公民大
会的权利，只是担任官职的限于五千人。③

亚里士多德对于寡头政变后的雅典民主政体曾给予很高的评价，他称赞
了领导政变的温和派领袖特拉米尼斯：

　　　　希腊各邦的领袖中，仅有一人曾经听从忠告尝试建立这样的体制。④

亚里士多德认为在雅典发生的这次政变推翻了民主制，使政权归属于
五千公民参加的公民大会以及四百人议事会，建立了一个介于寡头和平民
政体之间的混合政体。在此政体中，五千公民又是重装兵，而重装唯有殷
实的小康之家才能制备，其政权基础在于中产阶级，这是符合亚里士多德
关于混合政体理论的思想原则的。显而易见，亚里士多德推崇的混合共和
政体，其阶级实质是代表着当时希腊社会的中产阶级即中小奴隶主阶层的
利益。

寡头政变之后，雅典又实行了民主政治，一直持续到公元前322年亚历
山大征服雅典为止。两次政变表明，雅典民主经过公元前5世纪的发展已经
深入人心了，任何剥夺大多数公民权利的做法都会遭到失败。但是，民主派
也接受了寡头政变的教训，为了城邦的稳定，必须团结好各个阶级的力量，
所以，在第二次政变后，民主派改变了第一次政变所采取的措施，很好地解

---

① 亚里士多德：《雅典政制》，29，34，38。

② P. J. Rhodes, *The Five Thousand In the Athenian Revolutions of* 411 *B. C.*, JHS, 1972, p. 118.

③ De Ste. Croix, *The Constitution of the Five Thousand*, Historia, 1956, pp. 8 – 9.

④ 亚里士多德：《政治学》，1296a38。

决了城邦内部的阶级矛盾，缓和了紧张的国内形势，使雅典走上了平稳发展的轨道。①

第七节　公元前4世纪

公元前403年，雅典恢复了民主政治后，雅典民主已经与公元前5世纪晚期的激进民主有了很大的不同。尤其令很多人不满的是民主的雅典处死了苏格拉底。实际上，这绝非是一个愚蠢的举动，要知道给予雅典最大伤害并给予斯巴达帮助的雅典贵族亚西比德正是苏格拉底的忠实伙伴，三十僭主的领导者克里提亚也是苏格拉底的好友，而苏格拉底本身也对民主政治进行了公开的批评。所以公民大会怪罪于苏格拉底，也就不奇怪了。②

将雅典的政治纪年以公元前5世纪为界：之前的雅典崇尚用"公众意志"去行事，人们可以在公民大会上讨论、争执，用投票的方式做出决断，然后马上付诸行动。虽然这种民主的方式解决了许多问题，但公民的情绪也很容易受言辞的感染，阿吉纽斯事件、伯罗奔尼撒战争中入侵西西里的决定等都给雅典带来了毁灭性的灾难。

公元前5世纪之后的雅典有两句哲学名言："在死之前，无人可称幸福。""一切基于你对美德的定义。"③ 不定性、现世性、实用性等，使城邦的内聚力大大削弱，"邦"的界限就此被超越。基托甚至认为，伯罗奔尼撒战争实际上就是城邦制度的终结，这一制度作为一种富有创造性的力量，造就着其所有人民的生活方式，并使之得以实现。在公元前4世纪，雅典逐渐趋向于新

---

① 亚里士多德：《雅典政制》，39—40

② 苏格拉底虽安然死去，但这一事件却引发了2000多年来哲学史上持续而热烈的讨论。中外学者对于苏格拉底之死发表了大量的文章和专著。大体上有三种观点。一是为苏氏辩护，强调言论自由、思想自由的权利，抨击雅典民主制的暴行；二是为雅典民主制辩护，谴责苏氏极权主义哲学的反民主立场；第三个方面的意思是对前两个方面的综合或折衷。由于各方观点激烈冲突，所以有关苏格拉底的争论也许永远不会有结束的那一天。相关文章和专著可见：斯东《苏格拉底的审判》（三联书店1998年版），A. E. 泰勒《苏格拉底传》（商务印书馆1999年版），张远山《苏格拉底是否该死》（《社会科学论坛》2001年第2期），王云《苏格拉底被控和定罪的原因探析》（《兰州大学学报》2003年第四期），颜敏《重读苏格拉底之死》（《海南大学学报》（2001年第二期），柏拉图《苏格拉底的最后日子》）（三联书店1988年版）。

③ 转引自王馨《雅典民主政治的思想启示》，《衡阳师范学院学报》2000年第四期。

的思维方式和新的生活方式。①

然而也就是在公元前 4 世纪,雅典大概经历了世界历史上发生于广大公民之中的最纯正的参与民主制。② 与公元前 5 世纪不同,雅典在公元前 4 世纪的时候,没有伯里克利一样的著名的政治家,更多的是演说家在操纵公民大会。而且学者们认为,公元前 6—前 5 世纪的演说家大部分来自于属于城市德莫的贵族家庭,而公元前 4 世纪的演说家则与其有了很大的不同,他们有很多是非贵族出身,也不属于城市德莫。最突出的特点是,这一时期的演说家和将军很少身份重合,由于在伯里克利之后,雅典军事活动更加频繁,指挥官不能经常参加公民大会,而演说家则需要将军来执行自己的政策建议,所以大多数情况下,很多城邦事务需要他们的分工合作才能取得成功。③ 通过对伯里克利和德摩斯梯尼的对比我们就能清楚地看到这一点,公民大会的领导人在公元前 4 世纪不再同时是城邦的负责官员了,而既是负责官员又是战场指挥官的人物则更为罕见。职业的演说家德摩斯梯尼和埃斯奇奈斯是公民大会中的重要人物,还是外交使节,但是他们没有一官半职,更不用说会成为战场的指挥官了。像欧布鲁斯(Eubulus)那样的政治家,在管理城邦事务方面是很有个人才智的,但是在其它方面则是默默无闻。像伊菲克拉特斯和卡布里亚斯那样的将军,几乎就是职业军人,当雅典不需要他们的时候,他们就替外人服务,并且确实住在国外。

关于公元前 4 世纪前期的情况,我们并不是很清楚。但是,由于在公元前 4 世纪的政治变革非常少,所以,我们认为德摩斯梯尼时代的雅典公民大会,除了某些小的方面有所改变之外,基本上就是雅典公民大会在公元前 4 世纪的写照。《雅典政制》的记载可以说都是这一时期的实际情况,所以,亚氏著作可以作为我们了解公元前 4 世纪雅典公民大会的最主要最基本的材料。甚至有学者认为亚里士多德的记载也适合于公元前 5 世纪晚期的雅典。公元前 4 世纪这一时期的公民大会在召开程序、次数等全部成熟起来,已经走向制度化、法制化了。实际上,现代学者对于雅典公民大会制度的了解认识大

---

① 基托:《希腊人》,上海人民出版社 1998 年版,第 194 页。
② 迈克尔·曼:《社会权力的来源》(第一卷),刘北成等译,上海人民出版社 2002 年版,第 284 页。
③ Debra Hamel, "Strategoi on the Bema: The Separation of Political and Military Authority in Fourth - Century Athens", *The Ancient History Bulletin* 9. 1 (1995) 25 – 39.

部分都是这一时期雅典的实际情况，而不是整个雅典民主政治时期。从来就没有完美的社会，也没有完美的法治。雅典民主制度的法制化应该是公元前4世纪雅典民主政治的主要特点。

公民大会在这一时期有几个关键的发展点：一是在公元前4世纪，公民大会开始发放津贴，公民大会出席人数的减少是推翻三十僭主后发放津贴的主要动因。而这也是在雅典失去帝国之后，盟国贡金失去之时，所以，很值得我们注意。二是公民大会在这一时期逐渐法制化、正规化，召开次数、会议程序都已经成熟，但是由于无力支付参加公民大会的津贴，很多时候公民大会都没有按时召开。①

公民大会经过以上几个发展阶段，终于在公元前4世纪发展成熟。由此我们可以看出公民大会在雅典民主政治的发展过程中，经历了几个明显的发展阶段：荷马时代萌芽出了公民大会的最初形式民众大会。梭伦改革初步确立了公民大会作为国家的立法机关的地位，但是 这一时期的公民大会地位还很不稳固。经过僭主政治的短暂停滞，到了克里斯提尼改革时期，公民大会开始正式确立了在雅典民主政治中的地位，其后的希波战争又极大地提高了公民大会的地位，确立了其作为国家最高权力机关的地位。而随后的厄菲阿尔特改革、伯里克利等民主政治家只是对民主政治加以完善，公民大会作为国家最高权力机关的地位却是不可动摇的。公元前4世纪公民大会的地位虽然受到了陪审法庭的挑战，但是其仍然是国家的最高权力机关，国家的大事最终还是要由公民在公民大会上做出决定。

---

① A. French，"Economic Conditions In fourth_ century athens"，*Greece and Rome*，Vol. 38（1991），24 – 40.

第三章 雅典城邦的公民、
公民权与公民政策

在深入研究公民大会的运行机制与主要职能之前，我们必须先谈一下雅典的公民、公民权以及公民政策问题。因为，我们所研究的一切雅典民主机构，其参与者的主体都是雅典成年男性公民。没有公民权，一切都无从谈起。城邦也是一个围绕公民权概念建立起来的复杂的等级社会。所以，虽然雅典民主被看作是多数人的统治，但这些"多数人"本身只占社会中的少数。公民是一个排他性的概念，公民大会的参加者只能是雅典男性公民。不仅外邦人和奴隶，而且具有公民权的雅典妇女也没有参加公民大会的政治权利。因此从古典时代以来，雅典民主一直受到学者们的批评。① 郝际陶认为，雅典国家的统治机构是与其公民组织的状况相适应的。雅典国家是自由公民的集合体。公民的权力如此之大，必然要对公民的资格严加限制。雅典民主在它发展过程中也对公民资格不断地加以限制，以保证公民享有自己的权利。

第一节 公民与公民市位

古希腊城邦最早孕育出公民观念，但是古代希腊人并没有现代人的权利观念。他们的公民权，只是就公民资格和身份而言。② 公民身份是作为一种特权存在的，它以排斥其他人甚至以对他人的奴役为前提。正如亚里士多德所说："实际上，我们不能把维持城邦的所有人们，全部列入公民名籍。"③

---

① 郭小凌：《古希腊作家的民主价值观》，《史学理论研究》1998 年第一期。
② A. W. Gomme, "Two Problems of Athenian Citizenship Law", *Classical Philology*, Vol. 29（1934），123 – 140.
③ 亚里士多德：《政治学》，1275b。

什么是公民呢？从字源上说，"公民"（politai）原意为属于城邦的人。这和我国古代的国人有些相似。不过，在古代希腊的任何时代任何城邦，它决不是指全体成年居民。妇女不是享有政治权利的公民，奴隶不是公民，外邦人也不是公民。即使是祖籍本城的成年男子，能够取得公民权利的资格，在城邦的不同时期也有不同的限制。

"公民""公民权"等，不见于我国古代，也不见于埃及、两河流域等早于古希腊或与古希腊同时的"东方"各帝国。这一政治法律概念是在长期的历史演变中不知不觉形成的。在漫长的历史时期中，一次又一次发展它的含义，同时也加上一重又一重的限制，逐渐变成了亚里士多德所定义的公民和公民组成的城邦。

亚里士多德对公民有过精要的、正面的、政治权利性的定义：

> 全称的公民是"凡得参加司法事务和治权机构的人们……"
>
> 公民的普遍性质……是：（一）凡有权参加议事和审判职能的人，我们就可说他是那一城邦的公民；（二）城邦的一般含义就是为了要维持自给生活而具有足够人数的一个公民集团。[1]

雅典男性公民被称为 politai，但是犯有特别严重罪行的公民被宣布为 atimos，这类人被剥夺了全部的政治权利，是地位最低的公民，他们只是在身体上属于这个城市，但已经被排除在公民组织之外了。[2] 这些被剥夺了政治权利的男性公民与雅典妇女的政治地位相似。

在古典时代的雅典，凡是自备甲胄武器和马匹、参加公民军当骑兵和重装步兵的富裕阶级或中等阶级的成年男子是公民；参加海军充当桨手的贫民阶级，领取国家发给薪饷的，也是公民。但是在伯里克利时期，对公民就开始有了严格的限制。三十僭主时期，僭主们规定，雅典公民只有五千人。

如果按照希腊城邦的兵制，即公民兵制度来界说公民的含义，把公民的权利和义务两个方面一起来考虑，那么我们就可以构成这样一个概念，即公民是城邦的主人，他们有"执干戈以卫社稷"的义务，同时有权参加城邦内议事或审判活动。

---

① 亚里士多德：《政治学》，1275a21，1275b5。
② 裔昭印：《古希腊的妇女——文化视域中的研究》，商务印书馆2000年版，第67页。

公民权也与土地所有权密切相关。土地不仅关系古代雅典人的生计，而且关系他们的公民权利和政治地位。占有土地是公民的特权，不管一个外邦人多么富有，他都不能购买城邦的土地。所以有学者认为，雅典公民和非公民的真正的经济区别在于土地所有权。① 雅典民主政治改革中的梭伦改革、庇西特拉图僭主政治和克里斯提尼改革都没有改变土地制度，就是要保持阿提卡原有公民的权利。

雅典公民中有两类人员：一是氏族成员，他们是阿提卡土地上伊翁时代的雅典人后裔，即所谓的"纯"雅典人；二是归化民，他们是那些从侨民变成公民的人的子孙。这两种不同出身的公民，在政治、经济、军事、宗教等方面地位截然不同。归化民不能充任国家法庭的陪审员、上诉法官或在杀人案中任胞族代表。债务法对氏族成员和归化民都是不同的，氏族成员负债，以产品偿付，份地所有权不动，成为"六一汉"。归化民借债，以人身和财产做抵押，许多被卖为奴。

实际上，归化民对于雅典城邦来说贡献甚大。雅典许多最著名的家族都是那些早期归化民的后裔，僭主庇西特拉图的家族是从美赛尼亚地区来的，杀死庇西特拉图之子西庇阿斯的哈次摩狄乌斯和阿利斯托盖同来自比奥提亚。与克里斯提尼进行斗争的伊萨格拉斯身份不明，显然也是归化民的后裔。

但是"纯"雅典人在雅典的地位却一直得到保证。雅典城邦是一个宗教血缘关系的祭祀团体，至少在公元前403/402 年的时候，以血缘关系为基础的氏族社会组织仍然具有活力。② 曼维尔认为至少在公元前7 世纪，雅典人还都是某一个胞族的成员。③ 尽管克里斯提尼改革后，德莫负责登记达到18 岁的公民，但是由于雅典人登记新生儿是在胞族，所以胞族的注册仍然有很大的作用。雅典城邦在授予外邦人公民权的时候，一般也是让他们在雅典的一个部落、德莫和胞族登记注册。汉森认为即使在克里斯提尼改革后，法律依

---

① Austin, M. M. and V - Naquet, P. *Economic and Social History of Ancient Greece*, Los Angeles, 1997, pp. 95 - 96.

② 雅典国家内氏族组织能够长期存在，主要的原因就是氏族与土地关系特别密切。氏族贵族不仅垄断了政治公职，而且控制了阿提卡绝大部分肥田沃土。这些土地归家族所有，世代相传，不能转让。一个家族要想获得更多的土地是可耻之事，而一个家族要断绝同份地的关系也属违法。国家也采取各种措施竭力保护公民的份地，使其不至于因为地产的原因而失去公民身份。西蒙在流放期间，他的财产收入照旧，没有一位古典作家提到他的地产被分给别人或者卖掉。

③ Manville, P. B. , *The Origins of Citizenship in Ancient Athens.* Princeton, 1990, p. 62.

然要求把胞族成员资格作为授予外邦人公民权的基础。①

伊翁时期，全部雅典人都包括在四个部落之中，各有自己的首领。每一个部落有三个胞族，每一个胞族有三十个氏族，每一个氏族有若干有亲缘的家族。② 提修斯改革后，公民分为三个阶级，即贵族、农夫和手工业者，而不问氏族如何。但是原有的四个部落还是没有改动。提修斯改革后，雅典吸收了不少侨民加入到氏族，使雅典的公民人口数量大增。这些人因为失去了原来的氏族联系，也就失去了原来国家的公民身份。而雅典也不再吸收他们入氏族以变成公民了，而是组织了一个归化民组织（Orgeones）。归化民组织与氏族相当，一起加入胞族。每个胞族都包括一个以上的归化民组织，归化民以胞族成员的资格成为雅典公民。如果对新加入的胞族成员的合法性有异议，要在他所在的氏族或者归化民组织中找出证人。

作为享有公民权的妇女为什么不能享有政治权利呢？我们知道，在雅典妇女不能出席公民大会，更不用说获得公职。在雅典有一则神话说明了雅典妇女的政治权利，据说在阿提卡的第一个国王科克洛普斯统治时期，智慧女神雅典娜和海神波塞冬为了取得这个地区的庇护权而发生了争执。国王在获得了德尔菲的神谕后，根据传统召集了男女两性公民参加公民大会进行表决，男人们投票赞成由波塞冬充任庇护神，而妇女们则支持雅典娜，由于妇女方面多了一票，所以雅典娜获得胜利。这个结局激起了波塞冬的愤怒，并驱使着男人进行报复。于是从那以后，妇女就失去了投票的权利，不再被称为雅典人。③

雅典妇女是民主政治的牺牲品。当雅典男性公民获得更多平等权利的时候，妇女的行动却受到了更多的限制，她们的地位也进一步降低。④ 实际上妇女不能获得政治权利并不能作为我们批评雅典民主的证据。妇女获得选举权等政治权利也仅仅是百余年的事情。我们有什么权力去苛求古人呢！

阿里斯托芬在他的喜剧《妇女公民大会》中，也说明了雅典妇女政治上的无权。在剧中，雅典妇女对男性的统治感到厌恶，决定接管城邦的政权。

---

① Manville, P. B., *The Origins of Citizenship in Ancient Athens*. Princeton, 1990, p. 24.

② 亚里士多德：《雅典政制》，断片 5。

③ 希罗多德：《历史》，8. 55。

④ 裔昭印：《古希腊的妇女——文化视域中的研究》，第 121 页。

在普拉萨格拉的领导下，她们偷偷穿上了丈夫的服装，戴上假胡须，女扮男装出席公民大会，投票通过法律夺取了政权，把男性从城邦的统治中驱逐出去。这里非常清晰地表明，雅典妇女是不能参与城邦的公民大会的，她们也没有权力对城邦进行管理。

虽然妇女没有政治权利，但是我们并不能因此而否认雅典妇女所具有的公民身份。不然伯里克利就不能公布那个限制公民权的法令了。因为只有具有了足够数量的公民妇女，才能保证足够的公民人口增长以满足城邦发展的需要。① 妇女由于在城邦公民再生产中的作用，成为城邦和家庭延续的不可或缺的环节。因为只有雅典妇女才能生育公民的规定，使得妇女的身份成为确定男性的公民身份和有无继承权等问题的分界线和重要依据。

德摩斯梯尼曾经提及，一个叫作普拉根的妇女，因为他的两个儿子不被父亲所承认，无法登记成为公民，所以她用发假誓的方法使其丈夫在仲裁人面前承认自己是两个孩子的父亲，然后把他们介绍给自己的胞族，从而使两个儿子获得了公民权。② 这个案例也表明了胞族成员资格与城邦公民权之间的联系。雅典每个胞族都庆祝为期三大的阿帕图里亚节日，在节日的最后一天，人们将新出生的孩子、刚成年的青年以及新婚妇女登入胞族名册，并为此向神献祭。正是由于雅典宗教祭祀的特征决定了它是一个排外的共同体。在雅典人心目中，它们的公民权是尊贵而又神圣的。

一般认为，雅典妇女不能拥有财产，她们不能经营合法的生意。每一个妇女从出生到死亡，必须始终处于受监护的状态。实际上，雅典妇女可以参加宗教节日，也可以去剧场看戏剧，也可以做小生意养家糊口。所以有学者虽然把雅典妇女看成是城邦公民，但是认为她们是没有积极政治权利的"消极公民"。③

雅典民主制度的一个突出特征是强调"公民本位"。所谓公民本位有两层含义：一是公民在政治地位上完全平等，共同自主决定社会共同体的大政方针。当然在雅典社会上是存在差异的。有穷人、富人，但是城邦没有让社会

① Robin Osborne, "Law, the democratic citizen and the representation of women in Classical athens", *Past and Present*, No. 155 (1997), 3 – 33.

② Demo. 40. 10 – 11.

③ 裔昭印：《古希腊的妇女——文化视域中的研究》，第 69 页。

差异导致政治差异，一切公民在政治上完全平等。① 同时城邦还运用政治力量在经济上适当平抑两极分化，尤其是使用国家津贴保证贫穷公民参政。二是公民亲身参与行政管理工作。这种民主制是雅典经历了公元前 6 至前 5 世纪的一系列政治改革完成的。从梭伦改革到克里斯提尼改革直至后来的伯里克利改革。他们一致的地方就是都在改革中有意无意地提高了公民的地位。

实际上，贵族制与民主制都排他，只是范围不同而已。排他性对于民主来说并不一定是个负面的东西。如果没有排他性，也就不可能有雅典的直接民主制度。在公民内部，雅典从梭伦改革以来，一直在有意无意限制"官本位"。梭伦改革使公民开始不必担心因经济失败而沦为奴隶，克里斯提尼改革确立了官员由选举产生，执政官不得连任，只能任期一年，并且实行了陶片放逐法。从根本上粉碎了"官本位"这一根深蒂固的观念，使公民本位政治的顺利实施成为可能。雅典民主历史的发展就体现了这一发展趋势，公民大会权力日益增长，一切立法、决策大事，都必须在公民大会上通过辩论和讨论进行。

梭伦改革前的雅典，贫富两极分化达到了极端。几乎所有平民都欠了富人的债，这意味着他们的前途只能是遭受奴役。所以，大规模的以重新分配利益格局为目标的暴乱时刻都有可能爆发。

这场暴乱也不能用武力来镇压，因为从公元前 6 世纪起，希腊开始了新的作战方式——集体的重装步兵方阵。这种作战方式需要大众的集体的力量，平民因此地位已经上升，所以，靠镇压是不能平定即将来临的社会暴乱的。

虽然雅典民主改革的力量来自于平民对贵族的反抗，但是改革的结果却并不是"平民大胜，消灭贵族"。在雅典，即使在其民主盛世的公元前 5 世纪，也从来都不是一个单色的社会。各种势力集团、政治俱乐部、各种派别在互相交易着。平民固然掌握了许多权力，可是很快适应局势的贵族也马上加入了民主政治游戏，而且由于他们的财产和教养，他们更是在其中获益匪浅。所以，雅典的公民本位从更深的分析看，是各利益集团之间张力的平衡。

① Claude Mosse, *The Equality Between the Citizens in Athenian Democracy*，载《中西古典文明研究》，吉林人民出版社 1999 年版，第 337—349 页；A. G. Woodhead，"Isegoria and the council of 500"，*Historia* 16（1967），pp. 129 – 140。

民主在政治上讲，就是让各种集团的声音都有被听见的机会。不能让少数人独裁，也不能让大多数人的暴政扼杀少数人的说话机会。

需要强调的一点是，雅典公民本位的民主政体是一个法制政体。"自由"不是随心所欲，恰恰是自己立法，自己遵守。

公民本位是一个重大的观念转变。人在本体上是平等的、无差别的、赋有同样的政治权利，这也是在智者的帮助下，慢慢在人们心目中确立起来的观念。

第二节　雅典城邦的公民政策

一、公民权的获得

雅典公民的权力如此之大，必然要对公民资格严格限制，在雅典城邦历史上，公民政策在不同时期是不断发展变化的。

在论及不同时期雅典的公民政策之前，我们首先来看，在雅典要获得公民资格主要依据哪些条件呢？

首先是血缘关系。在克里斯提尼改革前，血缘关系是划分公民与非公民之间的主要依据，克里斯提尼改革后，对于公民的认可已不决定于他的氏族族籍，血缘关系有所松弛，但以血缘关系为基础的氏族社会组织仍具活力，氏族、胞族、部落与新的地域组织并存且仍在相当程度上和一定范围内发生作用。胞族成员资格仍旧是授予公民权的重要条件，法令规定，被授予公民权者可进入部落、德莫和胞族，反过来，不能进入部落、胞族者也就不被承认为公民。克里斯提尼一方面将公民资格与德莫成员资格结合在一起，另一方面又保留了旧的原则：一个公民必须是一个胞族成员，胞族成员资格是证明公民资格的重要依据。此外，公民大会于公元前451年通过的由伯里克利提出的公民权法①，也强化了公民资格与源于原始社会的民族部落关系的血缘纽带。这一切都表明，特定的血缘关系是取得公民资格的一个重要依据。或者说在（雅典）城邦时代，公民权的获得，首先取决于父母是否是该城邦的

---

① 亚里士多德：《雅典政制》，26.3。

公民，即依赖于特定的血缘关系。

其次，出于国家需要，这包括政治、经济、文化等因素而将外邦人、依附民甚至奴隶吸收为公民。梭伦为发展手工业，立法允许外邦人入籍为公民，借以吸收外国艺匠来雅典；克里斯提尼为扩大民主政治的社会基础，重划选区，以村社社员确定公民身份；此外是因公民大会决议而接纳的公民，他们因对雅典国家作出贡献而取得公民资格。伯里克利时代，"希腊世界著名的学者文人和艺术大师都荟萃于雅典"①，他们中有许多学者就都因其成就而得到赏识和青睐，并获得公民权。曾经是一名拥有"银行"商号的奴隶帕西昂，先是获释成为非公民身份的自由民，再进而被授予雅典公民权成为全权公民，有权购买土地，又拥有一个盾牌作坊（约60至70名奴隶），死后遗产总数约40塔兰特（一说75—80塔兰特），成为当时最富有的奴隶主。

城邦对于公民注册也有非常严格的规定，不能按照法律规定进行公民权注册的人受到的处罚是非常严厉的。雅典公民18岁的时候在他们的德莫的名簿中登记，如果在随后的审核或者诉讼中被判定为没有自由人身份，就要被卖为奴隶；如果有人未满18岁而注册，允许他注册的同德莫的人就要受付罚金的处罚。② 如果一个外邦人非法地使用公民身份，那么他会被监禁和被卖为奴隶。③

雅典城邦公民政策在不同时期有不同的特点。一般来说，自梭伦改革到克里斯提尼时代，雅典公民政策呈现出一种开放的趋势。随城邦体制的完善，尤其自伯里克利时代起，雅典成为爱琴海霸主后，雅典公民日益成为一个封闭的集团，从梭伦时代公民资格对外开放的状态受到抑制，日益表现出封闭、排外的倾向。

二、城邦的公民政策

1. 梭伦至克里斯提尼时期

公元前7世纪后半期，雅典的社会矛盾已达到了十分尖锐的地步，公元前630年的基伦暴动动摇了古老的贵族寡头专政。公元前621年，德拉古颁

---

① 塞尔格叶夫：《古希腊史》，高等教育出版社1955年版，第242页。
② 亚里士多德：《雅典政制》，42.1—2。
③ 裔昭印：《古希腊的妇女——文化视域中的研究》，第64页。

行法典，该法以严酷闻名，但是并没有从根本上缓和尖锐的社会矛盾。① 正是在这样的背景下，公元前594年，政治家梭伦进行了政治改革。梭伦改革扩大了雅典全权公民的范围，最突出的体现是他采取的第一个重大措施———颁布"解负令"。所谓"解负令"，即拔除立在负债农民土地上的记债石碑，无条件地取消一切债务，使因负债为奴的小农重获自由，并且由国家赎回因欠债而被卖到外邦为奴的人，同时永远在雅典禁止债务奴役制。这一改革对沦落中的下层劳动群众是有利的，"解负令"不仅免除了他们的债务负担，而且恢复和保持了他们的公民身份。同时，为发展雅典当时很不发达的经济，壮大工商业力量，梭伦还鼓励外邦工匠移居雅典，赋予其雅典公民身份。② 因此梭伦改革时期的公民政策还是相对宽松的。

梭伦改革之后，雅典政局动荡，进入到庇西特拉图父子的僭主政治和贵族政治统治时期，直到公元前510年政治改革家克里斯提尼当选为执政官。克里斯提尼进行了雅典民主政治史上著名的改革。为了获得下层公民和外邦人的支持，在改革中，克里斯提尼恢复了那些在公元前510年贵族统治时被剥夺公民权的人的公民身份，使他们重新获得了公民权资格。甚至把公民权普遍授予住在阿提卡的外邦人和被释放的奴隶。③ 这种对公民身份的开放从他的第一步改革中就体现了出来。克里斯提尼首先废除了梭伦改革之后在国家政治生活中仍起作用的四个血缘部落，而代之以十个地域部落，又将整个阿提卡分为三十个区（称"三一区"），内地、平原、沿海各十个区，每个地域部落由一个内地区、一个平原区、一个沿海区组成，每个新部落又被分成若干自治村落（希腊语称德莫）。德莫是雅典的基层单位，它主要的职能之一就是登记本德莫的公民，凡年满18岁的男性村社成员，只要通过审查，就有资格成为雅典公民。④

从此，对于公民权的认可，就决定于一个人所居住的村社，而不决定于他的族籍，自由居民只要在所住的村社登记就可以成为雅典公民。克里斯提尼新选区的划分，使那些游离于氏族之外的雅典人、侨居雅典的外邦人以及

---

① 亚里士多德：《雅典政制》，5。
② 普鲁塔克；《梭伦传》，24.2。
③ 亚里士多德：《政治学》，1275b35—40；T. F. Winters, *kleisthenes and Athenian Nomenclature*, JHS, Vol. 113（1993），162 – 165。
④ 亚里士多德：《雅典政制》，42.1。

被释放的奴隶都变成了雅典公民，使雅典公民人数几乎成倍增加。克里斯提尼还规定住在同一村里的人彼此都是村民，使他们不用祖上名字相称，而正式以村社名字相称，以免新获得公民权的公民引人注意。克里斯提尼的立法在雅典历史上具有重大作用，恩格斯认为经过克里斯提尼改革后，"现在社会的及政治的制度建立于其上的阶级对抗，已经不是贵族与平民之间的对抗，而是奴隶与自由民之间的对抗；被保护民与公民之间的对抗了。"①

自梭伦改革到克里斯提尼立法，雅典的公民范围扩大，公民人数增多，这种政策的"放宽"是与雅典奴隶主民主政治的形成相一致的，它壮大了要求民主的队伍，扩大了民主雅典社会的政治基础。

2. 伯里克利时代及后期雅典

希波战争后，雅典帝国迅速崛起。公民权成为雅典公民享受战争和政治胜利果实的保证。公民权意味着种种特权，凝聚着雅典先辈在严酷的希波战争中付出的牺牲及其价值，倘若公民权仍是向一切新来的外邦移民开放，无疑是将民主政治的成果拱手让给外邦人，这是雅典人所不能认同的。

所以公元前451年伯里克利制定了严格的公民权法来限制公民权的获得：

> 因为在那些时期，高尚阶级一个领袖也没有，而他们的首要人物，客蒙还十分年轻……同时，人民群众在战争中又遭受严重的损失……所以往往远征一次，死亡两三千人，弄得人民和富有者两方的优秀分子都有人数枯竭之感。……在安提多图斯担任执政官的那一年，由于公民人数增加，又通过了伯里克利所提议的法令，规定享有公民权利的人仅以父母双方均为公民者为限。②

伯里克利的公民权法标志着雅典限制公民权达到了一个高潮。为什么雅典选择在公元前451年开始限制公民权呢？亚里士多德认为是由于公民人数增加引起的。

> 有许多政体的法律都吸引外邦人为公民，在平民政体下，只要其母亲是公民，一个人就可以成为公民，还有不少城邦甚至以同样的方式让

---

① 《马克思恩格斯选集》第4卷，人民出版社2012年版，第118页。
② 亚里士多德：《雅典政制》，26.4。

私生子也成为公民。这些做法的原因在于人口稀少，城邦缺乏正宗的公民，便只好以这类人权充公民之数。然而一俟公民人数回增，父亲或母亲是奴隶者首先就被排除于公民之外，随后排除的是那些只有母亲一方是公民的人，最后，公民的身份仅限于父母双方都是公民的人。①

亚里士多德认为限制公民人数是伯里克利制定公民权法的原因似乎和他自己的记述有冲突，前面我们提及亚里士多德的说法，雅典在最近几十年的战争中，损失了大量的公民人口。虽然，我们对于公元前 5 世纪的雅典公民人口的记载十分有限，然而现代人口统计学家根据这些仅有的材料仍推测并认为，在公民权法令通过前的 25 年之间，雅典公民人口还是得到了很大的增长。②

笔者认为雅典在希波战争后几十年间人口确实获得了大的增长。因为在这一时期，雅典城得到了重建，比雷埃夫斯港口也开始成为爱琴海最大的商业中心，雅典著名的劳里温银矿也在这一时期获得了大的发展。③

城市建设等诸多工程必然需要更多的包括自由的外邦人和奴隶在内的劳动力才能顺利完成。所以雅典在伯里克利的公民权法出现之前，城邦人口应该是迅速增加，甚至已经达到了非要控制不可的地步。但是在整个城邦的人口迅速增加的同时，并没有迹象表明公民人口也获得了迅速的增加。现代历史学家倾向于认为，在经济迅速发展的同时，随着饮食等生活条件的改善，人口也会自然增长。但是这一假设并不适用于古代雅典。古典时代的雅典男子结婚一般是在 30 岁左右，所以要 30 年左右，下一代才可能接管祖辈留下来的土地、房屋和建立自己的家庭。他的妻子可能非常年轻，因为雅典婚姻关系中一般女子比丈夫都要小 16 岁左右。而婚姻长度也因此而减少。④

人口统计学家估计雅典人的预期平均寿命是 25 岁。每个雅典家庭正常情况下平均有 2—3 个孩子。而人类学家通过对雅典女性遗骨的检查认为，平均每个雅典女性大约生 4 个孩子，而平均只有 2.5 个能够生存下来。证据虽然不足，但是在正常条件下，我们可以猜测，在公元前 477—前 450 年，雅典人

---

① 亚里士多德：《政治学》，1278a29—37。
② Alfred French，"Pericles' Citizenship Law"，*The Ancient History Bulletin* 8.3（1994）.
③ Alfred French，"Pericles' Citizenship Law"，*The Ancient History Bulletin* 8.3（1994）.
④ 王大庆：《古希腊人的人口和人口思想初探》，《求是学刊》2002 年第六期。

口达到 1.5% 的增长率，完全可以保持一定的人口增长。①

　　然而这一时期并不是什么正常时期，在公元前 480 年到前 450 年之间，雅典几乎每年都在战争，而战争中的阵亡率也是相当惊人的。据亚里士多德猜测每年几乎都有 2000 名左右的公民战死，铭文材料显示在公元前 478 年，雅典大约损失了 1500—2000 名公民。② 雅典对埃及的远征损失了两个舰队和几乎所有的军事力量。③ 除了战争中的人员伤亡，城市公民也不断地向外移民，作为殖民者每年城邦都会把一些公民迁移到其它城邦。这样都大大减少了留在阿提卡境内的公民人数。因此，笔者认为在这一时期，雅典的公民人口并没有获得增加，反而应该有所减少。

　　在这一发展趋势下，雅典公民已经意识到了自己在社会中的特权地位。这种地位与其祖辈不同，其祖辈的时候，公民人口在总人口中占据多数，而外邦人和奴隶是少数。现在是外邦人和奴隶人数迅速增加，而公民人口在总人口中的比例却在不断下降。

　　公民的特权越大，他们的排外情绪就越高。尤其是他们的人口在总人口中占据少数之后，这种特权就显得越发明显了。

　　公民拥有很多特权，包括拥有土地的特权、在矿区出租土地的特权、管理政府的特权和在法庭上为自己辩护的特权。最吸引人的是公民分配国家财富的特权。帝国时期，很多想和雅典交好的城邦给雅典送来了很多礼物，这些物品都会在公民中分配。普鲁塔克在记载了伯里克利的公民权法之后，为了解释其影响和动机，他陈述道，在五年之后，埃及国王给雅典送来了大量的谷物，雅典公民大会决定把这些谷物在公民中平均分配。为了获得谷物，很多非公民被查出来，并被严惩。④

　　限制公民权是为了控制获得利益的群体人数，这受到了公民的欢迎。因此伯里克利提出限制公民权的建议后，马上获得公民的支持并顺利通过。

　　当然在伯里克利提出公民权法之后，也有非雅典人通过公民大会的决定而获得雅典公民权。但是，公民大会只是有节制地把公民权授予外邦人，就

---

① M. H. Hansen, *Demography and Democracy*: *The number of Atnenian citizens in the Fourth Century B. C.*, Denmark（1985），pp. 23.

② Raphael Sealey, "Athenian Citizenship", *The Ancient History Bulletin* 5. 3（1991）.

③ Raphael Sealey, "Athenian Citizenship", *The Ancient History Bulletin* 5. 3（1991）.

④ 普鲁塔克：《伯里克利传》，37. 4。

事物本质而言，雅典公民集体封闭、排外的本质始终没变。公民不愿意自己的权益受到侵犯，所以，在雅典公民权是很难获得的，公民大会要有6000人参加投票通过才能获得公民权，因此在雅典通过这种方式获得公民权的一定很少。① 而且雅典不仅是个公民集体的城邦，同时还是个宗教祭祀团体，宗教是城邦主要的意识形态及观念，出于对宗教仪式的考虑，雅典人不愿意由于外人混入家庭部落和城邦的祭祀而亵渎神明，给他们带来灾难，因此他们也极力限制公民权。② 由于这种狭隘的城邦旧公民本位主义和宗教观念的影响，雅典的公民政策越来越严格，这时期外邦的移民就不再享有公民的资格。公元前451年通过的伯里克利公民权法令直到雅典城邦被马其顿人征服而丧失政治独立权之日，一直有效，而且法律具有追溯既往的效力，执行得十分严格。在公元前446—前445年间，当雅典接受埃及无偿赠予谷物时，对公民名单进行修订，就有五千公民因此而被除名。③ 这条法律曾导致了许多曲解、欺骗和舞弊行为，并相应产生了诉讼。阿斯帕西娅（Aspasia）与伯里克利所生的孩子被人称为私生子，没有雅典公民权，只是在伯里克利与前妻两个嫡出的儿子在伯罗奔尼撒战争中死去之后，雅典人才特准他加入了雅典籍。④

公元前346年，雅典公民大会命令检查德莫名单。一个名叫欧克西塞奥斯的人受到欧博利德斯的指控，说他父母不是雅典人，经过德莫成员投票，他被驱逐出德莫，因此被剥夺了公民权。面对着失去土地的危险，欧克西塞奥斯不顾一旦诉讼失败会被没收财产和卖为奴隶的危险，而毅然把案子提交给雅典法庭。⑤

限制公民权还有一个原因，就是出于对宗教仪式的考虑。雅典不愿意外人混入家庭、部落或者城邦的祭祀而给他们带来灾难。大约在公元前345年，雅典公民阿波罗多罗斯（Apollodrus）在控告妓女尼伊拉时强调："对于雅典人来说，尽管他们拥有对国家所有事务的最高权力，并有权按照他们认为合适的方式行动，然而他们的公民权是那样神圣而又具有价值，以至于他们通

① M. H. Hansen, *The Athenian Assembly in the Age of Demosthenes*, Blackwell, 1987, p. 15.
② 裔昭印：《古希腊的妇女——文化视域中的研究》，第62页。
③ 普鲁塔克：《伯里克利传》，37.4。
④ 普鲁塔克：《伯里克利传》，37，5。
⑤ 裔昭印：《古希腊的妇女——文化视域中的研究》，第50页。

过法令来严格地对赠予公民权做出规定。"① 因为科林斯的妓女尼伊拉和一个雅典的公民同居，后者把尼伊拉的儿子介绍进了他的胞族，还把她的一个女儿嫁给了一个后来成为王者执政官的雅典公民。阿波罗多罗斯担心如果这样的行为被宣判为无罪的话，"妇女一定会采取同样的态度对待城邦的宗教仪式。"②

综上所述可以看出，雅典的公民身份只是少数人的一种特权。正如学者丛日云所说：公民集团的狭小及其封闭性和排外性，带来了城邦内部紧密的生活文化，并且强化了公民内部一体化的心态。他们把城邦视为一个有机整体，自己是其中的一个组成部分。个人没有独立的价值，他的价值依赖于整体。他的财产、家庭、利益、荣誉、希望，他的肉体生命与精神生命，他整个的生活甚至死后的魂灵都属于城邦、系之于城邦。在城邦中，有他的一切，失去城邦，便失去一切。所以在城邦政治生活中，人们往往围绕着公民权展开殊死斗争。享有公民权的十分珍惜它、维护它，没有公民权的要得到它，失去公民权的要恢复它。公民权诚然能给公民带来某些实际利益，然而也使他们承担沉重的义务。这种义务有时甚至会使他们破产和丧命。所以他们争取公民权不仅是争取由公民权带来的利益，更重要的是得到公民身份，从而使自己不被排斥于城邦之外。这种属于城邦的感觉在希腊人的观念中十分重要，受到剥夺公民权和驱逐出城邦的处分，其严厉程度仅次于判处死刑，因为它等于剥夺了一个人的精神生命。③

① Demo. 59. 88.
② Demo. 59. 111.
③ 丛日云：《古代希腊的公民观念》，《政治学研究》1997 年第三期。

第四章 公民大会的运行机制

雅典民主政治具有一套高度完善的制度，是一种直接的民主政治。这种体制的直接民主的典型制度安排是，公民大会是国家的最高权力机关，城邦的一切大事都由公民大会决定。作为城邦国家权力的核心，公民大会在实际生活中是如何运行的呢？

第一节 运行的一般模式

雅典有两种规模的公民大会。一种是地方的公民大会，就是德莫一级的公民大会。德莫公民大会主要是和公民权有联系，是公民获得公民权的主要舞台。另外一种就是全体公民都可以参加的公民大会。

除紧急情况外，公民大会的召开都要遵循固定的模式。由于公元前 4 世纪的雅典公民大会在运行机制上是比较成熟的，所以，这里也主要以这一时期的公民大会运行情况作为标准，在具体方面才能分析它的发展变化。

首先是，在公民大会召开的四天前，当届的议事会主席团要在市政广场上的纪名英雄墙前公布即将召开的公民大会的议事日程以及开会地点。

> 除假日外，议事会天天召开……议事会要预先拟定，应当受理哪些事情，哪一天做哪些事情，以及在哪里开会。①

到了公民大会开会的那一天，所有在市政广场和普尼克斯公民大会开会地址间的货摊等都要移走。

> 当埃拉提亚失陷的消息传到议事会后，当时正在吃晚饭的议事会成

---

① 亚里士多德：《雅典政制》，43.4。

员马上停止了吃饭，一部分成员去通知将军和喇叭手以准备明天的公民大会，一部分马上去清除市场上的固定货摊等。①

紧接着，在普尼克斯公民大会会场附近会树立起屏障，以防止外邦人和失去公民权的人混入听众席。②

在公民大会召开的那一天，还会竖立一个公民大会开会的标志，表示公民大会正在进行当中。苏达辞书认为在公民大会召开之前，一面旗子会被升起来，而结束之时就把旗子降下来。"快点！公民大会召开的旗子已经在德米特尔神庙升起了。"③

汉森认为现在我们并不知道这一标志是什么。但是根据古代戏剧家和苏达辞书的记载，笔者认为很有可能公民大会召开的标志就是一面旗子，但是具体旗子是什么样我们就不得而知了。④

居住在乡下的公民如果想参加公民大会，除非他们提前一天来到雅典，否则他们就不得不提前几个小时出发。天亮后，当届议事会主席团会举行一个简短的会议，唯一的目的就是通过抽签选举出一个九人委员会，然后在他们当中再抽签产生一个总主席。总主席在九人委员会的协助下，主持公民大会的召开。在选举出九人委员会之后，议事会总主席会将即将召开的公民大会的议事日程等移交给九人委员会的总主席。

同时，参加公民大会的公民，这时候都已经进入了公民大会会场。在进入会场的时候，他们首先会接受三十人委员会的检查。⑤ 他们负责检查公民身份，只有公民才允许进入会场，外邦人和失去公民权的人则禁止入内。一旦他们怀疑某人可能不是公民，他们必须提供证据，而被怀疑者也要出示能够证明自己身份的某些证明，例如，他是否在自己德莫登记等。一个失去公民权的人参加公民大会，如果被发现的话，他就会被抓并送往陪审法庭。一般情况下，他会被判交罚金了事，但是，有时候法庭也可以对其严判，甚至

---

① Demo. 18. 169.

② Demo. 59. 89 – 90.

③ 转引自 Andoc. 1. 36 注释（2）；Ar. Thesm. 277 – 278。

④ 转引自 Andoc. 1. 36 注释（2）；Ar. Thesm. 277 – 278。

⑤ 三十人委员会的成员全部来自五百人议事会，每个部落三人。但是，是否每一个三一区都有一人，我们没有确切的相关证据，汉森就认为三十人委员会与三一区没有关系。汉森：《德摩斯梯尼时代的雅典公民大会》，第 89 页。

死刑。

> 对于一个犯了如此罪行的人，我们该如何判决他才合适呢？在我看
> 来，死刑对他来说都太轻了。①
> 既然他的罪行是如此清晰无误地违反了法律，如果可能，我们该判
> 罚他死刑，或者让他交其不能承受的罚金，我敢说没有其它方法能比这
> 更合适了。②

在通过检查后，三十人委员会会发给每个参加公民大会的公民一个凭证，在公民大会结束后，公民凭借这个凭证领取参加公民大会的津贴。③ 汉森认为，在公元前340年前，只有前6000人可以获得津贴。当后来者发现公民大会已经达到了人数，不能获得津贴，可能就不进入会场了。④ 当然，不能进入会场的公民只是少数。因为在公元前340年，普尼克斯公民大会会场第二次修建之后，已经足够容纳所有想参加公民大会的公民进了。而且汉森认为这个时期，所有参加公民大会的公民有可能都能获得公民大会津贴。⑤

外邦人和外国人如果被议事会邀请，也可以参加公民人会，但是他们只能在听众席上。甚至奴隶有时候因为需要也可以出现在公民大会上。

> 这些人包括奴隶安德罗马库斯（Andromachus）本人，他的兄弟黑塞
> 西乌斯（Hicesius）是个长笛演奏者，是麦莱图斯（Meletus）的奴隶。⑥

这是公民大会关于亚西比德渎神案中，为了提供证据，议事会主席团把奴隶等都召集到公民大会去作证。

当所有公民都进入公民大会会场后，竖立的屏障这时候就会被撤去，因为它已经完成了防止外人混入公民大会的任务。而且，如果屏障不撤去的话，

---

① Demo. 25. 59.

② Demo. 25. 92.

③ 关于公民大会入场和换取津贴的凭证，根据1900年在雅典的考古挖掘，可能是一个直径大约15毫米的青铜片，其中一面印着一个戴着月桂树冠的人物形象，有学者称这一月桂树冠的人物形象可能代表公民来自哪个德莫。但是根据现有材料我们还很难做出一个真正合理的解释，只能期待更多的考古挖掘为我们带来新的发现了。

④ Ar. Eccl. 95, 282 - 4, 290 - 301, 376 - 93, 431 - 4；汉森：《德摩斯梯尼时期的雅典公民大会》，第47页。

⑤ 汉森：《德摩斯梯尼时期的雅典公民大会》，第47页。

⑥ Andoc. 1. 12.

在公民大会开始后，它也会妨碍公民视线，影响公民观看大会的进程。

　　　　　在公民进入会场之后，为了不阻碍公民去观看公民大会的进程，那
　　　些屏障马上就被移开了。①

　　公民在公民大会会场上并不是有组织地坐在一起，而是很随意坐下来，
并不按照一定的政党组织坐在一起。② 这一问题会在雅典是否存在党派一节中
详细论述，这里就不再详细论述。

　　但是，在公元前 346/345 年，为了维护公民大会上的辩论秩序，雅典规
定，每次公民大会召开的时候，某一个部落会被安排全部坐在演讲台前以维
持秩序，以防止某些公民或者职业演说家依靠靠近讲台的优势，将与自己政
策相反的演说家哄下台去，以打击对手，使自己的政策能够获得通过。而其
他的公民则还是任意去坐，没有任何规定。

　　公元前 5 世纪的时候，公民一般坐在坐垫上，到了公元前 4 世纪以后，
可能已经有小木凳供公民们坐。公民们在参加公民大会的时候，还会自带一
些食物和葡萄酒，以便在公民大会的间歇时间填饱肚子。

　　参加公民大会的公民不允许携带武器。③

　　主持公民大会的官员集体坐在公民大会中央的讲坛上。他们中包括：总
主席和九人委员会，他们负责主持公民大会的召开。传令官（Ho keryx）负责
宣布公民大会正式开始，并按照议事会制定的公民大会议程，一件一件地宣
布公民大会的议题。公民大会的秘书（grammateus to demo）负责向公民宣读
所有涉及的文件、法令等。议事会的秘书则负责公民大会的记录工作，因为
公民大会通过的所有公告和法令都要在市政广场的纪名英雄墙上公布。

　　公民大会还有专门负责维持秩序的武装力量，他们被称为西徐亚"警察"
（Scythian Archers）。实际上他们是由雅典的奴隶组成的，听命于九人委员会。
在九人委员会的授权下，他们可以阻止任何行为不端的演说家继续演说，如
果必要的话，甚至可以将演说家拉下讲台。

---

① Demo. 59. 89 – 90.
② 汉森：《德摩斯梯尼时期的雅典公民大会》，第 89 页。
③ 汉森：《德摩斯梯尼时代的雅典公民大会》，第 90 页。

公民大会开始时，首先要进行净化仪式。仪式上一只幼猪会被杀死，然后它的尸体由一名专职的官员拿着绕会场一周。古代雅典人认为猪血能够净化它所包围的地方。① 随后，传令官就会大声宣读对那些误导民众的演说家和其他人的诅咒。其中多为雅典人对可能在公民大会上欺骗人民、伤害人民的言行的诅咒，但也有一句涉及雅典人对独裁政体的极度憎恨："让那些打算成为僭主或打算恢复僭主制的人及其整个家族痛苦地毁灭"②。在同时，对其它一些希腊神的奉献仪式也要举行，结果由议事会的一位成员向公众宣读。③

在净化仪式和奉献仪式结束后，九人委员会开始按照议事会已经制定的日程主持公民大会。一般情况下，任何没有经过议事会先期讨论的事务都不能在公民大会上讨论。议事会讨论的事务有两个结果：一个是已经在议事会详细讨论，只是需要公民进行表决；另一个是还没有形成任何建议，而是由公民在公民大会上进行辩论以形成最后的决议。所以，开始第一个议程的时候都是先宣读五百人议事会的预备立案，宣读后，传令官就会大声声明：哪些年龄大于50岁的公民想首先发言呢？当年长者发言后，传令官才会要求其他公民发言。这一年龄规定到了公元前4世纪的时候就逐渐被废止了，到了德摩斯梯尼时期，已经没有任何年龄上的优势，传令官会直接声明：谁想就此问题发言吗？任何公民如果对此问题有自己的见解都可以登上演讲台说出他的看法，他的演说词会被记录下来并呈交给九人委员会。④

公民大会并没有就发言人数做出任何规定，所以，有些问题可能会有很多人上台发言，而有些可能只有少数演说家上台发言。发言也没有时间的限制，雅典计时工具水表是用于陪审法庭，而不是公民大会上的。有时候为了需要，公民甚至可以两次上台发言。但是，古典材料给我们的是两个不同的看法。埃斯奇奈斯认为公民大会对于同一议题，禁止公民发言两次。

> 任何上台发言的公民，如果他所说的不是议事会已经提前准备的议案……或者在同一天对一个议题发言两次……他应该被惩罚至少50德拉

---

① Aeschin. 1. 23.
② 琼斯《雅典民主》（A. H. M. Jones, *Athenian Democracy*, Oxford, 1957）第110—112页的引文。
③ Demo. Prooem. 54, 转引自汉森《德摩斯梯尼时代的雅典公民大会》，第91页。
④ Aeschin. 2. 64－68，2. 83－84，3. 100.

克玛。①

但是埃斯奇奈斯在这里所引用法律的真实性受到了很多学者的质疑②，因为我们看到的更多的材料反映的是在公民大会上，公民可以发言两次，甚至两次以上的。

修昔底德在记载雅典公民大会关于是否处死米提列涅人的争论中，克里昂与狄奥多图斯都发言一次，然后由公民做出最后的决定。但是我们也有材料证明，在公元前406年阿吉纽斯海战之后召开的公民大会上，幼里托勒摩斯（Euryptolemos）就同一问题进行了两次发言。

> 幼里托勒摩斯等人认为，卡里谢努斯（Callixeinus）提出的是一个违反宪法的建议。一些公民赞同幼里托勒摩斯，但是大部分公民大声喊叫，认为不应该阻止公民们去做他们想做的任何事情。③

> 之后，幼里托勒摩斯再次登上了演说台，为将军们做辩护：我来到了演说台，公民们，我一方面要控告小伯里克利，尽管他是我的同族和亲密的朋友，我还要控告戴奥摩东（Diomedon），他是我的朋友。但是我也要为他们辩护，我所提出的是我认为对我们城邦最好的建议。④

据修昔底德记载，在西西里远征前的公民大会辩论中，尼西阿斯也曾两次发表演说，第一次是反对公民大会进攻西西里的主张，第二次是在看到反对无望的情况下，提出了一个庞大的备军计划，希望雅典公民能够因为远征军的军需庞大而放弃远征。⑤

因此，笔者认为公民大会可能并没有发言次数的限制，只要有必要，公民可以发言两次甚至两次以上。而且，发言者不能诽谤谩骂他人和讲下流话，不能打断他人发言，不能攻击会议主席。⑥ 在公民大会上，虽然任何公民都有权上台发表演说，提出自己的建议，但是实际上，真正上台发言的主要还是

---

① Aeschin. 1. 35.

② Drerup. E. *Uber die bei den attischen rednern enngelegten Urkunden*，Njbb，Suppl. 24，221－365；转引自汉森《德摩斯梯尼时期的雅典公民大会》，注释461。

③ Xenophon，*Hellenica*，translated by C. L. Brownson.，The Loeb Classical Library，1918－1921，1. 7. 12.

④ Xen. Hell. 1. 7. 16.

⑤ 修昔底德：《伯罗奔尼撒战争史》，6. 18. 19。

⑥ Aeschin. 1. 2. 35.

那些演说家，他们经常为了某些问题而发生争论，所以，发言也可能不止一次。而公民们也愿意从他们的争论中，做出自己的判断和决定。

公民大会上的辩论有时候可能会很激烈，因为从古典文献记载来看，很多演说家经常会在台上演说时遭到下面民众的质问。有时候，一些演说家甚至被公民哄下台去。不然，公元前4世纪的时候，就不用安排某个部落坐在演讲台前以维持秩序了。而演说符合民意的演说家则会受到热烈的欢迎。因此在公民大会上，不管你什么身份，除非你的演讲能够让听众满意，否则你的提议就很难获得成功。即使是伯里克利这样的雅典著名人物也不能例外。如果演说者的举止不当，九人委员会的主席可以打断演说家的演说，甚至强行让他下台。所以在九人委员会的主持下，公民大会一般都进行得很顺利，很少听说某些公民有故意耍流氓行为，而阻碍某些议题的通过。就我们目前所知材料来看，公民大会上的演说一般要比陪审法庭上的演说短很多。因为，演说家如果不能很快打动听众的话，听众一般很难有耐心听他说下去。而陪审法庭则要依据一定的程序，演说家的演说也有一定的固定模式，演说因此也需要更多的时间。

在所有人的演说结束后，就到了对这一议题的最后投票阶段，议题能否通过，全看公民投票能否通过。公民大会的投票方式分为两种，一种是著名的陶片放逐法用的贝壳，关于此点笔者会在公民大会的主要职能中详加论述，这里就不再多说。

另外一种就是举手表决。而举手表决可能是最常用的投票方法了。举手表决分为两个阶段，投票由九人委员会监督进行。当公民对一个建议投票时，首先同意的举手，然后反对的举手，简单多数决定结果。① 如果对两个建议投票，主席首先要求支持第一个建议的人举手，然后支持第二个建议的举手。② 九人委员会负责判断票数多少，通常他们只是大致估计一下票数，而不是逐一清点，因为在一个几千公民参加的公民大会上，逐一清点票数是不现实的，如果每个议题都要清点票数，那么公民大会在清点票数上就会浪费大量时间。而当票数非常接近时，一般是在九人委员会之中投票决定。

这样在所有议事会准备的议案都已经讨论并最终投票决定后，公民大会

---

① Demo. 22. 5，22. 9，24. 20，59. 4 – 5.

② Xen. Hell. 1. 7. 34 Demo. 24. 33.

就正式结束了，一般公民大会在黎明召开，中午前后就结束了。结束后，公民大会召开的信号标志立即撤走。公民在离开会场时，可以凭借他进入公民大会会场时的凭证换取公民大会津贴。而议事会成员在公民大会结束后，还要举行议事会会议，就公民大会所通过的决议进行讨论，笔者认为他们主要是整理公民大会已经通过的法令，然后把它们张贴于纪名英雄墙前，以使没有参加公民大会的公民都能知道城邦所通过的最新法令。

这就是正常情况下，公民大会召开的情况。但是，在雅典历史的发展过程中，公民大会召开的地点、次数、会议类型等都是在不断发生变化的，不了解这些变化就不能很好地认识公民大会，所以，下面就公民大会的几个方面做深入的研究。

第二节　西徐亚"警察"

如果只靠公民的自律使公民大会有秩序地进行是不可想象的。在一个几千人参加的公民大会上，必须要有人来维持秩序，以保证公民大会的顺利进行。这就是西徐亚"警察"（τοξόται）的职责。西徐亚"警察"作为公民大会秩序的维持者，很少被人注意到，按照古典作家的记载，这些西徐亚"警察"实际上是由雅典的公共奴隶组成的。由被统治者为统治者维持秩序，可能在古代世界是独一无二的，也很难想象。由此也可见雅典对待奴隶并不是十分苛刻的，除了在劳里温银矿的奴隶外，奴隶的生存状态对比其它城邦和古代其它国家，还是比较好的。一般认为，这些秩序的维持者是来自西徐亚的奴隶，所以被称为西徐亚"警察"。实际上，我们并没有关于这些奴隶的十分充分的资料，最主要的资料来源是公元前5世纪的喜剧作家阿里斯托芬的喜剧作品，但是，这些作品中所描述的是否是事实就很难考证了。

10世纪的苏达辞书对公民大会秩序的维持者西徐亚"警察"的解释是：

> 公共奴隶，负责保卫城市，大约有1000人，一般情况下住在雅典的

市场上，但是后来迁居到了贵族议事会开会地点。①

古典时代的演说家在他们的演讲材料中也曾经提及这些西徐亚"警察"。例如，演说家安多奇德斯（Andocides）和埃斯奇奈斯就曾经提到过关于雅典西徐亚"警察"的起源问题。埃斯奇奈斯说：

> 在公元前490年萨拉米斯海战之后，雅典为了加强比雷埃夫斯的防御和建筑北墙……我们也装备了300名骑兵，并买来了300名西徐亚奴隶。②

对这一事件，在安多奇德斯的演说材料中也同样给予记载："正是在这一紧急时刻，我们第一次征召了300名骑兵并购买了300名西徐亚奴隶"。③

可见演说家很清楚西徐亚"警察"和雅典公民兵队伍中的弓箭手的区别。西徐亚"警察"不是雅典公民，而是外国人，是奴隶身份。

喜剧作家阿里斯托芬在自己的喜剧中曾经嘲笑西徐亚人的外国口音。

> 西徐亚"警察"：你叫什么名字呢？
> 幼里皮底斯：Artemisi。.
> 西徐亚"警察"：我记住了，Artemuxia。④

在这里喜剧家阿里斯托芬嘲笑西徐亚"警察"的外国口音，他们不能正确读出希腊名字 Artemisia。阿里斯托芬的记载可能有些夸张，或者是为了取悦听众而进行的改编。然而，我们仍能从他的喜剧中，获取某些灵感，得出一些正确的结论。从他的叙述中，我们可以推断出，西徐亚"警察"的主要职能是在雅典充当警察的职责，而且他们不是雅典公民，是奴隶。他们只是维护公民大会和市场的秩序，因为雅典还有由公民组成的警吏。警吏的职责与西徐亚"警察"不同。

> 警吏号为十一，以抽签法选出任用之，他们管理在狱中的人，并将

---

① http://www.stoa.org/projects/demos/article_ scythian_ archers? page = 1&greekEncoding = Uni-codeC.

② Aeschin. 2. 137.

③ Andocid 3. 5.

④ Aristophanes. *Thesmophoriazusae.* 1002.

那些以盗窃、绑架、行劫被捕而服罪者处以死刑，如他们不认罪，则将他们送往陪审法庭，如免罪则释放他们，如不得免，则予以执行；又将宣布为公共财产的田地房屋列表送与陪审法庭，将已被决定没收的交与公卖官；又应提出密告——有的密告由法官办理，但警吏亦有此职责。①

在阿里斯托芬的喜剧中，我们可以看到西徐亚"警察"是如何维持秩序的。在《妇女公民大会》中，西徐亚"警察"把许多醉汉拖出了市政广场。②在《骑士》（Knights）中，议事会命令西徐亚"警察"把一个公民驱逐出了议事会。③有时候，西徐亚"警察"甚至可以用鞭子殴打骚乱的人民。在《特斯摩弗利亚节庆中的妇女》中，阿里斯托芬记载，议事会对西徐亚"警察"说："用你的鞭子抽打那些违反秩序的人"。④

苏达辞书曾经描述了一个西徐亚"警察"殴打一个公民的记载：

　　当我看到一个西徐亚"警察"殴打一位老公民的时候，我愤怒不已，控制不住自己的泪水流下来。⑤

这里的老公民可能就是因为违反秩序而受到了鞭打。尽管我们称呼他们为西徐亚"警察"，但是，实际上这些雅典的公共奴隶并不携带弓箭，唯一提及的工具就是不能致命的鞭子了。阿里斯托芬在许多喜剧场景里也说明西徐亚"警察"在议事会的授意下可以逮捕公民。

在阿里斯托芬的喜剧《阿卡亚人》中，议事会就曾命令西徐亚"警察"把安菲特乌斯（Amphitheus）抓起来。

　　传令官：各位议事会成员们！

　　安菲特乌斯：特里普托勒摩斯（Triptolemus）和刻勒俄斯（Celeus）神啊！我发誓！

　　狄开奥波利斯（Dicaeopolis）：各位官员，先生们，这是危险的，你

---

① 亚里斯多德：《雅典政制》，52.1。
② Aristoph. *Eccl.* 143.
③ Ar. *Knights* 665.
④ Ar. *Thes.* 923.
⑤ Suda *omega.* 243.

们逮捕了一个想帮助我们城邦获得和平协议，给休战一个机会的公民！①

在喜剧《吕西斯忒拉忒》（*Lysistrata*）中，西徐亚"警察"同样被赋予了这一使命："抓住这些妇女，无论谁出去，我们都将逮捕她"。②

西徐亚"警察"还可以用手铐或者捆绑罪犯。在阿里斯托芬的喜剧《吕西斯忒拉忒》中，议事会命令西徐亚"警察"：

> 我需要一名警察，逮捕这个妇女，给她戴上手铐……去抓住她。你在这里，帮助他。将这个妇女绑起来！③

虽然阿里斯托芬的喜剧是描写妇女混入公民大会会场，然后被西徐亚"警察"驱逐出会场，但是，我们仍可以看出西徐亚"警察"是如何维护公民大会的秩序的。

在《特斯摩弗利亚节庆中的妇女》中，议事会要求西徐亚"警察"：

> 抓住他，把他绑到他的驻地上去，然后继续坚守你的职责，看守他。④

尽管古代雅典有监狱和看守者，但是，西徐亚"警察"却和这一职务没有任何联系。⑤ 他们只是负责维护公民大会和议事会的召开，还有就是维护市场的秩序，而监狱的看守者一般都是雅典公民。

由于西徐亚"警察"所具有的权力与职责，他经常受到贿赂也就不足为怪了。在欧里庇得斯的喜剧《地母节妇女》的结尾，欧里庇得斯与一个裸体演出的"吹长笛的女孩"一起出现，他允许西徐亚"警察"带着这个女孩到里面交媾，以帮助他的朋友逃跑。⑥

---

① Ar. *Ach*. 54.

② Ar. *Lys*. 445.

③ Ar. *Lys*. 434.

④ Ar. *Thes*. 923.

⑤ 王晓朝译：《柏拉图全集》（第一卷），人民出版社 2002 年版，第 34 页。

⑥ R. Just, *Women in Athenian Law and Life*, London and New York, 1989, p. 139.

第三节　开会会址

公民大会的召开地点主要是在雅典卫城脚下以西，市场西南大约四百米的普尼克斯（Pnyx）坡地。

他们在过去通常开会地点普尼克斯直接召集第一次民众会议。[①]

但是公民大会会址并不是一成不变的。在厄菲阿尔特改革之前，公民大会主要是在市场举行，普尼克斯也举行公民大会，但是可能市场才是公民大会举行的主要场所。

在所有公民都集合在市场之后，梭伦开始吟唱：我是从萨拉米斯来的一个传令官，我要唱一首有韵的歌来代替高声的演说。[②]

厄菲阿尔特改革之后，公民大会开始更多地在普尼克斯坡地举行。这与改革后对普尼克斯的修建也有很大关系。1930—1937 年，考古学家对普尼克斯公民大会会址进行了挖掘，可以看出普尼克斯分为三个不同的时期：（见表 4－1）

时间	面积	容纳公民最多人数
公元前 460—前 400 年	2400 平方米	6000
公元前 400—前 345 年	2600—3200 平方米	6500
公元前 345 年以后	5500 平方米	13800

（表 4－1：引自汉森《德摩斯梯尼时期的雅典公民大会》，p. 17）

在普尼克斯第一次修建时期，会场面积大约有 2400 平方米，基本上能够满足公元前 5 世纪公民参加公民大会的需要。普尼克斯公民大会会场依地势

---

① 修昔底德：《伯罗奔尼撒战争史》，8.97。
② 普鲁塔克：《希腊罗马名人传》上册，黄宏煦主编，商务印书馆 1990 年版，梭伦传，8.2，30.1。

而建，南高北低，演说家的演讲台在北侧，而观众席则在面向市场、地势较高的南侧。①

普鲁塔克记载，公元前404—前403年三十僭主统治时期，公民大会会场又得到了重新修建。

> 在泰米斯托克利时期，普尼克斯会场的演说台是面向大海的，因为他认为是海上帝国保证了雅典的民主制度。而三十僭主时期，则把演说台面向内陆，因为寡头们对于农民是较少厌恶之情的。②

寡头们实际上并不希望召开公民大会。所以汉森认为，这次修建只不过是寡头们停止召开公民大会的一个借口而已，通过修建普尼克斯会场使公民大会暂时不能召开。③ 这次修建直到民主政体恢复后的公元前399年才完成。这次扩建使公民大会会场发生了很大的变化，以前地势是南高北低，开会时公民必须面对寒冷的北风。现在完全改变过来了，由东北向西南倾斜，会场的东西北方向都被封闭起来。公民现在是背对北方，面向太阳，防止了北风迎面吹向观众席，使参加公民大会的公民更加舒适。

公元前338至公元前326年，普尼克斯会场又一次得到了扩建。这次修建，会场的结构并没有什么改变，只是使观众席面积得到了扩大，达到了5500平方米。扩建后的会场最多能够容纳13800人，使那些希望参加公民大会的公民都可以参加进来。④

从三次修建来看，每次会场的修建都使会址有所扩大。汉森据此认为，普尼克斯会场面积的扩大，是为了使更多的公民能够参加公民大会。⑤ 而辛克莱尔则认为，会场面积的扩大并不一定是为了满足公民参加公民大会的需求，因为公元前5世纪的时候，普尼克斯就已经能容纳6000名公民参加了，而雅典也没有扩大会场以增加公民大会的参加人数的政治需求。⑥

由于大部分公民大会都在普尼克斯举行，使普尼克斯几乎成了公民大会

① Hansen, M. H. *The Athenian Assembly in the Age of Demosthenes*, Blackwell, 1987, p. 12.
② Plut. Them. 19. 6.
③ Hansen, M. H. *The Athenian Assembly in the Age of Demosthenes*, Blackwell, 1987, p. 13.
④ Hansen, M. H. *The Athenian Assembly in the Age of Demosthenes*, Blackwell, 1987, p. 17.
⑤ Hansen, M. H. *The Athenian Assembly in the Age of Demosthenes*, Blackwell, 1987, p. 22.
⑥ Sinclair, R. K. *Democracy and Paticipation in Athens*, Cambridge, 1988, pp. 117 – 118.

的代名词。埃斯奇奈斯提及雅典的一条法律规定，任何公民被授予花冠必须在普尼克斯，而不是在其它地方。

> 你知道，公民们，法律要求被授予花冠的任何公民，都要在普尼克斯上接受花冠，而不是其它地方。①

而在其它地方他又说，授予公民荣誉的花冠必须在公民大会上举行。

> 法律规定，如果是议事会授予的花冠应该在议事会大厅内，如果是人民授予的，应该在公民大会上，而不能在任何其它地方。②

当然普尼克斯并不是唯一的公民大会开会场所。在每次公民大会召开之前，议事会都要举行会议，决定公民大会的议事议程和开会地点。

> 议事会的确除节假日以外每天都召开，但是，公民大会在每届主席团任内只召开四次。议事会主席团主席必须提前书面通告每天议事会的议事程序和公民大会的开会地点。③

除了广场和普尼克斯之外，德摩斯梯尼提到在雅典有一条法律规定，在宙斯宗教节日后，公民大会要在狄俄尼索斯剧场召开。这次公民大会首先要处理与宗教有关的事务，然后处理一些在宗教节日上产生的一些问题。④

埃斯奇奈斯也提到在狄俄尼索斯宗教节日后，在狄俄尼索斯举行了一次公民大会。

> 根据德摩斯梯尼的建议：他要求议事会能在迪奥尼休斯节日后，在迪奥尼休斯剧场举行两次公民大会，一次是在 18 号，一次是在 19 号。⑤

实际上，每年春季，在庆祝完狄俄尼索斯（Greater Dionysia）节日后，都要在狄俄尼索斯扇形剧场举行公民大会，以处理城邦的宗教事务。

同样，当丁男完成他们第一年军事训练的时候，也要在狄俄尼索斯扇形

---

① Aeschin. 3. 32.
② Aeschin. 3. 34.
③ 亚里士多德：《雅典政制》，43. 3。
④ Demo. 21. 8.
⑤ Aeschin. 2. 61.

剧场举行公民大会。

> 到了第二年，公民大会在剧场开会，丁男们在人民面前举行一次操练表演，从国家领到一只盾和一支枪。①

而当讨论城邦海军事务的时候，公民大会则在海港城市比雷埃夫斯的戏院举行。

> 在 27 日，公民大会在比雷埃夫斯的剧院举行，讨论海军事务。②

普尼克斯是露天场地，所以在这里召开公民大会必然受天气的限制，遇到风雨天气，公民大会有时候就得被迫中止。亚里士多德记载在选举军事官员的公民大会之前，要有好的天气征兆，确保公民大会能在一个舒适的天气召开，才可以确定开会日期。

> 这些选举在第六届主席团后由任期中有吉兆的第一次主席团举行之。③

当然，天气的影响并不总是负面的。实际上，如果没有希腊得天独厚的气候条件，不管雅典人本质上多么民主，雅典的民主也不能发展到这样的地步。在雅典，所有的事务可以向所有人敞开，就像他们可以向空气和阳光敞开一样。雅典人可以而且的确将大部分休闲时间用于户外。奴隶制虽然与此有点关系，但关系没有那么大，因为希腊的气候使公民只需要很少的设施就能够生活，一个人可以过一种积极的生活，所需的食物却比其它恶劣环境下少得多。④

由此可以看出，公民大会的开会场所在雅典并不是一成不变的。除了普尼克斯经常召开公民大会之外，公民大会也经常在市场、剧场等地举行。唯一的例外就是在寡头政变的时候。寡头派在雅典城外召开了一次公民大会，因为他们害怕支持民主派的公民参加公民大会，从而使他们的政变失败。这是一次例外情况，除此之外，公民大会主要就是在上述几个地方召开。

---

① 亚里士多德：《雅典政制》，42.4。
② Demo. 19.60.
③ 亚里士多德：《雅典政制》，44.4。
④ 基托：《希腊人》，上海人民出版社 1998 年版，第 39 页。

第四节　参加人数

厄奈斯特·巴克在《希腊政治理论——柏拉图及其前人》中提出，因为某种原因，公民大会的参加人数最多也就 3616 人。[①] 他的准确数据如何得来我们不得而知，但是说雅典公民大会的最多参加人数是 3616 人却很值得商榷。事实上，公民大会的参加人数一直是学者们比较关心的问题，但是我们却很难找到可以说明公民大会参加人数的具体材料。所以我们只能依靠考古挖掘和文献资料来推测。汉森认为，如果公民大会只是在普尼克斯召开的话，我们就可以根据考古学家的挖掘结果来计算并估计出参加公民大会的最高数字，同时根据古典文献资料，尤其是公元前 4 世纪的资料，我们也能够估算出大致最低的参加人数。当然我们并不是为了确定具体的参加人数，只是通过估计公民大会的大致参加人数，来认识雅典民主的参与程度及其性质。

公民大会参加者的多少也涉及雅典公民人口问题。综合学者们的观点，雅典成年男性公民大约在 20000 至 40000 之间波动，伯罗奔尼撒战争之前雅典成年男性公民达到了 40000 人以上，战后公民人口锐减，但仍在 20000 人以上。[②] 所以无论何时，公民大会的参加者只是成年男性公民的一部分而已。

普尼克斯公民大会会址的挖掘使学者们可以依靠考古材料来进行研究，推断公民大会参加者的数量，而且考古材料比许多其它文献资料更能真实可靠地反映实际情况。学者们认为，普尼克斯公民大会会址最多可以容纳 6000—8000 人。[③] 而公民大会部分决议的法定有效票数是 6000 票，如陶片放逐法和授予外邦人公民权等就需要 6000 名以上公民的投票才有效。所以，公民大会最高的参加人数超过 6000 人的情况是经常出现的，不然，上面提到的决议就无法执行。

但是，公民大会最少出席者是多少呢？如果出席者太少，公民大会可能对于某些需要 6000 人这一最低法定投票要求的事务无法通过实行。如上面说

---

① 厄奈斯特·巴克：《希腊政治理论——柏拉图及其前人》，吉林人民出版社 2003 年版，第 46 页。

② Jones，A. H. M. *Athenian Democracy*，Oxford，1957，p. 76.

③ Hansen M. H. *The Athenian Assembly in the Age Demosthenes*，p. 17.

到的陶片放逐法和授予外邦人公民权，如果没有 6000 名以上公民参加则根本无法实行。文献材料也表明公元前 5 世纪公民大会的出席者是很少的，修昔底德说在伯罗奔尼撒战争期间，公民大会有 5000 人参加已经是很不错了。雅典人还从来没有遇到极其重大的问题，需要召集 5000 人大会来讨论。①

> 当公民大会举行的时候，所有的座位都是空的，就像现在一样，所有在市场上的公民都试图避免去参加公民大会。官员们也都来晚了，而且他们还会为了座位而争论不休。②

当然，这两种看法可能有很多偏见，因此我们在引用的时候必须十分注意。但是，在公元前 5 世纪的时候，雅典曾经使用各种办法强迫公民去参加公民大会，也从侧面说明了那时候公民大会的参加者是很少的，不然就不用强迫公民去参加了。

琼斯认为，公民大会参加者的情况是很难估算的。一般情况下，公民大会参加者也就在 2000—3000 人左右。③

当然公民大会的参加人数是随着时间、季节和会议的不同而不断变化的，每届主席团召开的主要会议可能吸引到 6000 名以上的公民参加，因为它处理和决定问题可能更重要一些。而其它公民大会则参加者会少很多。在克里斯提尼改革之前，公民大会的很多方面我们无法确定，但可以肯定的是，公民大会的召开次数、参加人数都不会很多。希波战争的爆发可能是促使公民积极参加公民大会的一个关键因素，参加人数在这一时期达到了一个高峰。这与克里斯提尼改革也是密切相关的，因为在克里斯提尼改革后，公民大会的权威地位已经确立，对于关系自己国家生死存亡的大事，能够实施自己权利的公民们应该不会放弃这一权利。尤其是第四等级公民由于海军的兴起，更是积极参与公民大会，实施自己的政治权利。而在和平时期，公民们则很少出席，除非涉及自己的切身利益。不然就不会出现用红绳驱赶公民参加公民大会的场面了。到了公元前 4 世纪，由于实行公民大会津贴，公民大会的出席者明显增多，在阿里斯托芬的喜剧《阿卡奈人》里，公元前 5 世纪，公民

---

① 修昔底德：《伯罗奔尼撒战争史》，8.72。

② Ar. *Ach.* 1 – 25.

③ Jones, A. H. M. *Athenian Democracy*, Oxford, 1957, p. 109.

是被西徐亚"警察"用红绳驱赶到会场参加公民大会的，而公元前 4 世纪的时候，西徐亚"警察"则开始用红绳阻挡那些来晚的公民，以禁止他们进入会场。①

第五节　社会构成

琼斯认为公民大会的社会构成和参加人数一样，都是难以准确估算的。② 但是不管公民大会的参加者是多是少，雅典公民都认为它代表了整个公民集体。例如，公民大会的决议就常以"议事会和人民决定"或"人民决定"这种程序开始。③

公民大会的决定即人民的决定，因此公民大会的社会构成基本上就代表了全个公民的社会构成，每次公民大会的参加者就代表了整个公民集体。但是，学者们对于哪个阶层在公民大会中占据多数却产生了分歧。④ 琼斯认为，公民大会主要由相当富有的公民构成，这些人能够交纳战争税。仅在危机情况下，穷人才可能在数量上超过富人，中产阶级及其以上家庭在政治中发挥着主导作用。⑤ 奥斯本也认为雅典民主在很大程度上是富人的民主，因为只有富人有能力既在德莫中保持影响，又可长期居住在政治生活中心雅典城内。⑥ 戴维斯指出，在雅典民主中，富人始终是主角，在公民大会上提出建议的、担任各种主要官职的，大多是富人。⑦

而奥伯则认为，公民大会参加者主要是靠自己劳动谋生的人，而不是有闲阶层。⑧ 国内学者也普遍倾向于认为公民大会主要以下层公民为主，认为下层公民占据了公民大会的多数。

我们并不排除在某些特殊时期，公民大会可能会由占据绝对优势的某一

---

① Ar. *Ecclesiazusae*, The Loeb Classical Library, 1924.
② Jones, A. H. M. *Athenian Democracy*, Oxford, 1957, p. 109
③ Andoc. 1. 83.
④ A. J. White, "Class Distinctions in Fifth – Century Athens," *Greece and Rome*, Vol. 13 (1944), 15 – 25.
⑤ Jones, A. H. M. *Athenian Democracy*, Oxford, 1957, pp. 75 – 96.
⑥ M. M. Austin, *Review on ' Trade in the Ancient Economy'* JHS, 1985, p. 210.
⑦ J. K. Davies, *Athenian Propertied Families*, Oxford, 1971, p. 56.
⑧ J. Ober, *Mass and Elite in Democratic Athens*, Princeton, 1989, p. 78.

等级所主导。例如，公元前 462 年的厄菲阿尔特改革与当时 4000 名骑士和富有公民在美赛尼亚战斗，与公民大会主要由支持民主派的第四等级为主不无关系。同样，公元前 411 年在雅典城外召开的公民大会是以富有公民为主，参加者主要是前两个等级的公民。而第四等级公民当时还在萨莫斯，没有办法参加公民大会，这也是寡头派政变成功的原因之一。

那么一般情况下的公民大会参加情况到底如何？亚里士多德认为，农牧民由于忙于耕耘，一般没有闲暇参加公民大会，而工匠、商贩和佣工更便于参加公民大会。

> 工匠、商贩和佣工由于往来于商市和城镇，便很容易出席公民大会。而农民由于分散居住在乡间各处，彼此没有什么往来，却也没有聚会的必要。①

色诺芬也借苏格拉底之口说，公民大会主要由擀毡工人、补鞋匠、铜匠、农民、批发商组成。

> 漂洗工、补鞋匠、建筑工、铁匠、农民、批发商等那些在市场上以低买高卖为生的公民是公民大会的主要参加者。②

虽然他的语气是贬抑的，但是我们相信他所说的更能反映公民大会的参加者的真实身份。

实际上，从萨拉米斯海战以来，第四等级公民就开始在雅典政治舞台上逐渐占据了主导地位，并成为参加公民大会的主体。不然就不会有厄菲阿尔特改革的成功，也不会有随后的伯里克利雅典民主政治的黄金时期。公元前 411 年的寡头政变也是利用第四等级在海外的时候来发动政变的，如果第四等级公民在国内，他们不可能有机会发动政变成功。

古代雅典直接民主实行抽签选举制度，而且大部分职位只能担任一次，期限为一年。假使平均寿命为 60 岁的话，雅典公民可以在 30 岁以后担任国家的官吏，那么在 30 年内大约会有 10000 人担任国家的最高官吏，占全体男性公民的大约三分之一，而富人只占雅典公民集体的很小的比例，不足 5%，

---

① 亚里士多德：《政治学》，1319a 21—30，1293a 1—10。
② Xenophon, *Memorabilia*. The Loeb Classical Library, 3.7.6.

所以雅典的民主权力还是掌握在全体公民手中。

公民大会不同于国家官吏的一个主要地方是年龄上的限制。在实行直接民主制的雅典，只要是年满 20 岁的男性公民，均可以出席公民大会。而担任国家官吏则要在 30 岁以后。在公民大会上只要他愿意，任何公民都可以对雅典的一切政策提出自己的建议，但是真实情况确实如此吗？[1] 正如黄洋所言：学者们的研究很多停留在制度本身，而较少注重民主制度下实际的政治和社会生活[2]。实际上公民大会上的自由发言也不是没有规则的。例如埃斯奇奈斯告诉我们在 5 世纪的雅典公民大会上，超过 50 岁的公民能够首先发言。

> 传令官这时候会大声问道：哪一位超过 50 岁的公民愿意首先发言呢？在所有愿意发言的老年公民发言之后，他才会邀请其他愿意发言的公民。[3]

年轻公民可能也上台发言，但一定很少，因为雅典人认为人的智慧是随着年龄的增长而增长的，年长者的意见才具有参考价值。例如《雅典政制》提到，雅典公民只有到了 59 岁才可以当公断人，裁定案件。亚里士多德在《政治学》中也说过："自然挨次给予青壮年以实力，而给予老人以智虑"[4]。

> 自然本性已经作出了这一选择，它使得同一种属的人之中一些较为年轻，而另一些较为年长，从而让其中一些人适合于被统治而另一些适合于统治。[5]

此外雅典公民大会的议事内容要先在议事会通过才可能在公民大会上讨论，而议事会虽然是各部落抽签选举的，但是年龄在 30 岁以上的公民才有资格进入。这样，年龄在 20 到 30 岁之间的雅典公民就失去了很大的一部分权利。除了少数演说家之外，很多年轻公民可能根本无法在公民大会上发表自己的意见，可见年龄的限制使许多年轻公民的权利受到了限制，而这部分人

---

[1]　Max Radin, "Freedom of Speech in ancieng Athens", *The American Journal of Philology*, Vol. 48 (1927), 215－230.

[2]　黄洋：《雅典民主政治新论》，《世界历史》1994 年第一期。

[3]　Aeschin, *Against Timarchus*, The Loeb Classical Library, 1919, 1.23.

[4]　亚里士多德：《政治学》，1329a15。

[5]　亚里士多德：《政治学》，1332b35—41。

大约占了公民总数的三分之一。而且，在公民大会上发言要求具有一定的训练，只有富有的人才有能力使自己的子女得到训练，因为在古代希腊教育是私人的事情而不是国家的事情。所以，我们看到在雅典，鼓励教育的是柏拉图和亚里士多德等奴隶主贵族，而支持雅典民主的普通公民却对教育漠不关心。雅典城邦经济的基础是财产的私有制，公民财产的不平等必然影响他们政治上的平等。我们在文献记载中所见的演说家大部分都是出身富有公民之家而贫穷的公民则渐渐失去了上台发言的机会，富有公民则逐渐占据了大部分上台发言的机会。

从梭伦改革，建立财产等级制度以来，等级制度就一直影响着雅典的政治和社会生活，我们看到在雅典没有一个真正的贫穷公民成为城邦的领袖，几乎所有的政治领袖都出自富有公民阶层。如克里斯提尼、伯里克利、亚西比德等。所以说，隐形的财富限制和实际上的年龄限制使雅典公民大会的话语权力在一定程度上掌握在少数富有的公民手中。[1] 由于富有的公民在公民大会上拥有发言的优势，因此在一定程度上可以使公民大会通过一些有利于他们利益的决议。当然富有公民并非是孤立的个人，在民主制下，如果他的演说不能体现大多数人的意志，普通公民也会通过公民大会的投票和举手表决的方式对其加以否决，所以富有公民对公民大会的控制是有限度的，他们为了使自己的提议获得通过，必须考虑全体公民的共同利益。

第六节　召开次数

关于公民大会的召开次数，学界一般都依据亚里士多德《雅典政制》的记载，认为雅典公民大会每年召开40次，每届主席团召开4次。

> 公民大会在每届主席团任期内开会四次……有一次是最高会议……另一次是为请愿开的，任何愿意的人都可以在放下一条请愿树枝后，对公民大会说出他所要说的事，不论是公事还是私事。另外两次公民大会讨论一切其它事件，在这些会议里，法律规定，讨论宗教问题三件，讨

---

① M. I. Finley, "The elderly in Classical Antiquity", *Greece and Rome*, Vol. 28 (1981), 156 – 171.

论接见使者和大使问题三件，还有世俗事件三件。[1]

哈里斯（Edward M. Harris）认为现代学者关于雅典公民大会在十部落时期每届主席团召开 4 次，而在十二部落时期每届主席团召开 3 次，面临军事危机等紧急时期可以召开额外的公民大会的看法是错误的。[2]

实际上，公民大会每年召开 40 次只符合亚里士多德所记载的公元前 4 世纪后期，而之前的民主时期公民大会开会次数并不是每年召开 40 次，而是有一个不断发展变化的过程。

梭伦改革之前，有关雅典公民大会的记载是很模糊的。斯塔尔认为，虽然我们没有公元前 600 年前雅典存在公民大会的证据，但是，我们也不能说那时候就不存在公民大会。因为在其前的《荷马史诗》中已经出现了公民大会。[3] 有些学者甚至认为在梭伦改革之前，雅典根本就不存在公民大会，即使存在，也只是偶尔召开，没有任何实际作用。[4] 所以对于梭伦改革之前的公民大会，如果召开也只是偶尔召开，不可能有次数上的限制。因为，贵族统治是不希望召开公民大会的，只有在他们无法决定时才会想到公民大会，对于他们来说，公民大会是可有可无的。这当然只是一种没有什么根据的假设。

公元前 594 年梭伦进行了著名的宪政改革。改革后，全体年满 20 岁的男性公民都可以参加公民大会，公民大会也开始成为雅典政治体制的一个重要组成部分，官员选举开始在公民大会举行，四百人议事会则作为公民大会的常设机构，为公民大会提供预备立案。但是，我们仅有的资料却几乎没有关于梭伦时期公民大会的记载，亚里士多德也只是记载了梭伦设立了两个新的国家机关，四百人议事会和公民陪审法庭。史料上的匮乏，使学者对梭伦时期的公民大会充满了疑问。但一般都承认梭伦改革时期存在公民大会这一机构，只是对于是否允许第四等级参加公民大会有争议。例如，罗德斯就认为，梭伦只是重新证实了公民的权力，并没有给他们新的权力。梭伦不可能在当

---

[1]　亚里士多德：《雅典政制》，43.3—6。

[2]　Edward M. Harris, "When did the Athenian Assembly Meet? Some new evidence", *The American journal of Philology*, Vol. 112, No. 3 (1991), pp. 325 – 341.

[3]　Starr, C. *The Birth of Athenian Democracy: the Assembly in the Fifth Century B. C.*, Oxford, 1990, p. 6.

[4]　Freeman, K. *The Work and Life of Solon*, London, 1926, p. 50.

时采取激进的措施，第一个允许第四等级参加公民大会的是克里斯提尼。① 而希格奈特则认为，在梭伦改革之前，公民大会的参加者是那些能够自备武装的公民，梭伦改革只是第一次肯定了所有公民都可以参加公民大会的权利。② 崔丽娜在自己的博士论文中认为，梭伦以立法的形式将第四等级参加公民大会的权利确定下来，当时公民大会开会的次数以及要处理的问题都很少，第四等级的作用并不明显。梭伦确实提高了公民大会的地位，但不是通过第四等级的加入，而是通过建立一个独立于贵族议事会的机构——四百人议事会。

不可否认的是，改革后的雅典政治体制较多的仍然是贵族制的因素，民主的成分相对较少。所以可以肯定地说，这一时期的公民大会权力还非常小，召开次数也不固定，公民大会只是贵族制下的一个从属机构。当然从以后雅典政制的演变趋势来看，公民大会等民主机构的权力是不断扩大的。

梭伦改革之后，由于平民和贵族、地方主义的政治派别、贵族之间的斗争日趋激烈，导致庇西特拉图僭主制的上台。但是庇西特拉图僭主政治并没有对梭伦改革后的政治体制做任何明显的变革，相反为了统治的需要，僭主反而依梭伦体制行事，维持公民大会等机构的正常运行。如果亚里士多德记载可信的话，我们可知在僭主统治时期，他极力使公民忙于自己的私事，使他们没有时间来留心公众事情。

> 他这样做有两个目的，即防止他们逗留城市，而使之散居乡村，又令他们有小康之产，忙于自己私事，而不愿意，也没有时间来留心公众事情。③

由此可以推测，这一时期的公民大会召开次数一定是非常少的，而且参加人数也不会很多，因为农村人口在没有报酬的时候一般不会长途跋涉去参加公民大会。即使参加也是顺便而已。在僭主统治下的公民大会只是形式而已，在没有任何报酬的情况下，城市公民也一定不十分情愿参加这种形式的公民大会。从公元前425年阿里斯多芬的喜剧《阿卡亚人》中我们得知，即使是公元前5世纪，为了使公民参加公民大会，西徐亚"警察"曾经使用红

---

① P. J. Rhodes, C. A. A. P., p. 140.

② Hignett, C. H. A. C., p. 143.

③ 亚里士多德：《雅典政制》，16.3。

色的绳子来驱赶公民到普尼克斯参加公民大会。僭主政治时期，公民参加公民大会的热情一定不会比公元前 5 世纪高，再加上僭主也不愿意过多地召开公民大会。所以庇西特拉图僭主统治时期的公民大会召开次数，虽然我们不能具体确定，但是一定不会很多。公民大会不会有定期的集会制度，也没有具体权力，僭主才是国家的最高统治者，公民大会即使召开也只是僭主利用的工具而已。

　　僭主政治之后，克里斯提尼顺应时势，进行了著名的民主改革。由于史料的限制，学者们关于他改革的许多细节仍有争论。然而与过去不同的是，公民大会的绝对权威在克里斯提尼改革中被树立起来。① 特别是在希波战争爆发后，以第四等级为主力的海军取得了萨拉米海战的胜利，增强了他们对民主制度的信心。雅典公民大会开始开会讨论驱逐僭主的支持者和讨论国家大事，使公民大会真正开始成为国家的最高权力机关。而且这一时期，由于战事频繁，讨论军国大事的公民大会必然经常召开，公民参加公民大会的热情也很高涨，因为像陶片放逐法是需要有 6000 人的最低投票限定的。但是公民大会定期集会的制度可能并没有因此而正式确立下来。雅典公民大会制度研究的权威学者汉森认为，在公元前 5 世纪，可能雅典每年只召开十次主要公民大会（ekklesia kyria），而主席团和议事会可以根据形势的需要随时召开公民大会。② 这样，两届主席团之间的主要公民大会的时间间隔最长可以达到 70 天，而斯巴达人入侵阿提卡最长也就是 40 天，这样也很好地解释了为什么伯里克利很长时间没有召开公民大会，而民众并没有因此强烈反对。③ 据修昔底德记载，在伯罗奔尼撒战争时期，伯里克利曾经很长时期不召开公民大会，以防止公民在激情之下做出不理智的决定。④ 如果公民大会定期集会的制度在这一时期确定的话，伯里克利也不能阻止公民大会的召开。他只是尽量使两次公民大会召开时间错开斯巴达人的入侵时期，使公民不至于做出不理智的决定而已。因此，在公元前 5 世纪，雅典公民大会的召开可能有了一些规定，在每届主席团任内都要召开一次主要公民大会，讨论一些固定议程的问题。

---

① 施治生、郭方主编：《古代民主与共和制度》，中国社会科学院出版社 1998 年版，第 180 页。

② Hansen, M. H. *The Athenian Assembly in the Age of Demosthenes*, NewYork, 1987, p. 23.

③ Hansen, M. H. *The Athenian Assembly in the Age of Demosthenes*, NewYork, 1987, p. 22.

④ 修昔底德：《伯罗奔尼撒战争史》，徐松岩、黄贤全译，广西师范大学出版社 2004 年版，2. 6. 22。

但是，在这次公民大会之外，可以随时召开公民大会以讨论紧急问题。所以，如果需要可能在一届主席团内召开超过4次以上的公民大会，也可能仅仅召开一次主要公民大会。

公元前4世纪中期，公民大会的司法权力被转移给了公民陪审法庭。汉森认为把公民大会的政治审判权力移交给公民陪审法庭，这与限制公民大会的召开次数和固定的议事议程是密切相关的。汉森认为公元前355年是这次改革的确切时间，但是在限定公民大会召开次数的时候，开始并不是亚里士多德时期的每年40次，而是每年30次。这可以从演说家德摩斯梯尼在公元前353/352年的"反提莫克拉底"（Against Timokrates）中推测出来。① 至于为什么从30次扩大到40次，汉森也对此做了解释：雅典人在公元前355年的时候低估了公民大会需要处理的事务，使他们不得不增加公民大会次数来解决更多的问题。公元前347/346年，同马其顿国王菲利普缔结和平条约的第八次主席团会议召开的时候，公民大会开始限定每届主席团任期内召开4次大会②。一直到公元前322年，雅典公民大会都是每年40次，每届主席团4次公民大会，符合亚里士多德《雅典政制》的记载。关于公元前4世纪德摩斯梯尼时期公民大会召开次数的限定，汉森的观点和亚里士多德的记载基本是可信的，即公民大会一年召开40次，每届主席团4次。

在这四次公民大会中有一次是最高会议（ekklesia kyria），在会上将表决通过官员们之留任——如果他们被认为称职的话，并讨论粮食供应和国防问题，没收财产的目录要在会上宣读，有关遗产和女继承人的申请名单也要宣布。③ 最高会议不一定是每届主席团的第一次会议。除了最高会议的其它三次是常规的公民大会（ekklesia）。

除了最高会议之外，在这四次公民大会里有一次是为请愿开的，任何愿意的人在放下一条请愿树枝后，都可以对公民大会说出他所要说的事，无论是公事还是私事。根据亚里士多德的记载，每届主席团的其它两次公民大会处理其它事务，其中讨论宗教问题三事，讨论接见使者和大使问题三事，还

---

① Demo. 24. 20 – 23, 25.

② 亚里士多德：《雅典政制》，43. 3。

③ 亚里士多德：《雅典政制》，43. 4。

有世俗事件三事。① 一些事务规定必须在每年固定的主席团任期内执行。如陶片放逐法就在第六届主席团任内实行，军事官员的选举也在第六次主席团任内举行。每年第一次主席团第一次公民大会则要讨论是否对现存的法律进行修改。

综上所述，从梭伦改革到公元前355年，雅典并没有对公民大会的召开次数作出过明确的限定，但是从克里斯提尼改革后，每届主席团可能都要召开一次会议。从公元前355年开始公民大会一年召开30次，公元前347/346年公民大会召开次数增加到了40次，直到公元前322年。所以我们以往认为的雅典公民大会一年召开40次，每届主席团4次的看法只存在短短的25年左右，而不是整个民主政治时期。

第七节　持续时间问题

希腊城邦虽然大多数是小国寡民，但雅典无论从人口还是面积上都是一个大国。公民大会允许城邦所有成年男性公民参加，而雅典公民大多数居住在城外，一些还居住在十分偏远的山区，所以公民大会一般召开的时间不可能太长，但是公民大会有时候讨论的问题也不是一时半会儿能解决的，所以关于公民大会持续时间问题也是值得关注的。

伪色诺芬曾经说过：有时候，公民可能为了使自己的讼案能够在公民大会上进行讨论，要等一年的时间，不是因为别的原因，而是因为公民大会要处理的事务太多，他们不可能在公民提交后就进行审判。②

而且在公民大会上，任何人都可以上台进行辩论发言，我们也没有关于公民大会上发言时间限制的材料。雅典用于计时的水表是用在公民陪审法庭上，而不是公民大会上的。修昔底德的著作中提到，公民大会上，公民们先后发言，给人的感觉是公民大会可能要进行很长时间才能结束。而且汉森认为，许多政治家在公民大会上可以发言两次以上，而且没有发言时间的限制。

---

① 亚里士多德：《雅典政制》，43.6。

② Ps. Xeno, *The Constitution of the Athenians*, The Loeb Classical Library, 3.1.

所以现代许多学者都认为，由于公民大会要处理的事务很多，大会一般都要持续一整天时间。但是我们并没有关于公民大会持续时间的具体记载。

学者们普遍同意，公民大会开始时间一般是在太阳升起后举行，德摩斯梯尼在提到雅典紧急召开公民大会的时候，公民们很早就来到了公民大会会场。

　　　　黎明时分，当议事会主席召集议事会成员前往议事厅议事的时候，公民也已经开始向普尼克斯聚集。在议事会准备好议案之前，公民大会会场就已经坐满了。①

其它古典史料也证明了这一点：在第三天公民们将在清早聚会在一起，讨论这一问题。②

当然也有公民大会召开很晚的记载。在阿里斯托芬的喜剧《阿卡奈人》里，作者提到主人公狄开奥波利斯天刚亮就已经坐在普尼克斯会场上，等待公民大会的召开。"连主席团的人还没到场呢！他们将要迟到了……"③ 然而会议直到中午才召开，因为等主席团成员进入会场，时间已是中午了。

但是关于公民大会持续到天黑的时候结束的记载却很少，最明显的就是色诺芬记载在公元前406年海战后对六位将军进行审判，公民大会一直持续到天黑。此外我们没有什么古典史料能够说明公民大会召开持续到很晚才结束。

　　　　在公民大会的争论中，很多公民要求释放那些将军们。然而，当时天气已经黑了，不能分辨举手投票的数目，所以这一决议被推迟到下一次公民大会上来进行表决。④

再有就是德摩斯梯尼曾经记载了一次公民大会召开到很晚才结束。⑤ 这是我们发现的仅有的两例公民大会召开一整天的文献。

实际上，大量的古代文献表明公民大会一般持续的时间都非常短。在

---

① Demo, *On the Crown*, The Loeb Classical Library, 1939. 169.

② Ar. *Thesm.* 376.

③ Ar. Ach. 1 – 22.

④ Xenophon *Hellenica*, The Loeb Classical Library, 1. 7. 7.

⑤ Demo. 24. 9 – 15.

《雅典公民大会的持续时间》一文中，汉森列举了8个公民大会很早就结束的例子，来证明公民大会一般召开的时间很短。①

我们也可以从其它方面来分析公民大会的持续时间问题。

首先，天气的影响。我们知道公民大会的开会场所是露天的，所以天气对公民大会的影响是显而易见的，如果遇见雨天，公民大会有时候被迫提前结束。即使在晴天，也很难想象公民能坚持一整天顶着烈日坐在那里。冬季白天变短，公民大会开始时间明显要晚一点，但是冬季公民大会的主要事务——外交事务也相对减少，所以公民大会一般也不用很长时间，一般在中午前后就已经结束了。夏季白天变长，外交事务也开始增多，所以要比冬季召开的公民大会持续时间长一些。汉森认为，夏季公民大会一般持续大约6—7小时，冬季则在4—5小时左右。②

其次，我们知道公民大会举行前，主席团都要先举行会议选举当天的大会主席，并由他来主持召开公民大会。五百人议事会不但在公民大会召开之前举行会议，在公民大会召开之后，五百人议事会也要举行会议，所以，公民大会不会持续一整天的时间，一般在中午之前就已经结束了。特别是在公民大会津贴没有实行之前，无偿地让不愿意参加公民大会的公民花费一整天的时间更是不太现实。

第八节　召开类型

在公元前4世纪的时候，雅典公民大会每年举行40次，每届主席团举行四次。在这四次公民大会中有一次是最高会议，在会上将表决通过官员们之留任——如果他们被认为称职的话，并讨论粮食供应和国防问题，没收财产的目录要在会上宣读，有关遗产和女继承人的申请名单也要宣布③。最高会议不一定是每届主席团的第一次会议。除了最高会议的其它三次是常规的公民

---

① M. H. Hansen, "The Duration of a meeting of the Athenian Ecclesia", *Classical Philology*, Vol. 74, No. 1, pp. 43 –49.

② M. H. Hansen, "The Duration of a meeting of the Athenian Ecclesia", *Classical Philology*, Vol. 74, No. 1, pp. 43 –49.

③ 亚里士多德：《雅典政制》，43.4。

大会。在公元前 5 世纪的时候，每届主席团可能仅有一次必须召开的最高会议，因为修昔底德曾提到在公元前 431 年，雅典曾经有四十多天没有召开公民大会。如果有四次公民大会召开次数限定的话，在那四十多天里不可能一次公民大会也不召开。

除了最高会议和常规的公民大会外，还有另外一种类型的公民大会（ekklesia synkletos）。但是这一术语的真实意思我们并不清楚，因为这一术语仅出现在公元前 4 世纪的文学作品中，而没有在碑铭中出现过。有些学者称这种性质的公民大会是每届主席团四次公民大会之外，由于紧急情况而召开的额外的公民大会。埃斯奇奈斯提到在同马其顿国王菲利普战争中，雅典召开了更多的 ekklesia synkletos 类型的公民大会。但是，更多史料表明 ekklesia synkletos 性质的公民大会并不表明这是四次公民大会之外的一次大会，而仅仅是召开之前通告时间很短，没有提前四天时间通告的公民大会，因为常规上所有公民大会召开前，都必须提前四天通告给公民。在埃斯奇奈斯 3.68 中提到，德摩斯梯尼要求立即召开一次公民大会讨论同菲利普的谈判问题，这里用的公民大会的术语就是 ekklesia synkletos，可见 ekklesia synkletos 更多地用来指没有提前四天通告的紧急召开的公民大会，并不是主席团额外召开的公民大会。因为额外的公民大会并不是很轻易地就能召开的，德摩斯梯尼曾经提到由于在主席团任内的公民大会都已经用完，议事会不得不自己做出决定，而不是召开额外的公民大会①。

值得我们注意的还有，修昔底德的《伯罗奔尼撒战争史》中，记载伯里克利拒绝召开公民大会使用的不是雅典公民大会的 Ekklesia，而是 Syllogon。根据汉森等人的研究，Syllogon 类型的会议，虽然也是公民大会的一种类型，但它是专门讨论军事问题的，它的召开与否，在将军的权限之内。因此，伯里克利真正拒绝召集的应该是 Syllogon 类型的公民大会，而不是其它正规的公民大会。②

综上所述，雅典公民大会可以分为四种类型：一是军事类型的，由将军完全主持召开的公民大会；二是每届主席团任内的主要公民大会；三是每届

---

① Hansen, M. H. *The Athenian Assembly in the Age of Demosthenes*, NewYork, 1987, p. 29.

② M. H. Hansen, *The Athenian Ecclesia II. A Collection of Articles 1983 - 1989*, Copenhagen, 1989, pp. 210 -211.

主席团任内的一般公民大会；四是紧急情况下的公民大会。

第九节　轮值主席、九人委员会与将军

之所以把轮值主席、九人委员会与将军列在一起，是因为他们都可以主持公民大会的召开。执政官是否有权力主持公民大会，我们没有充分的材料。

克里斯提尼改革之后，五百人议事会成为公民大会的主持者，他们负责公民大会的召开。但是，为了避免机构臃肿影响工作效率，议事会又分为十个小组，每个小组在一年的十分之一时间内服务，称为一个布列塔尼。在一般的年份，前四个担任 36 天，后六个担任 35 天。遇到闰年，就是前四个担任 39 天，后六个担任 38 天。除了批准法律的公民大会之外，布列塔尼必须对公民大会的召开负责，如果他们不能按时召开公民大会，那么他们每一个人都要被罚款 1000 德拉克玛。[①] 在公民大会需要投票选举的时候，布列塔尼要负责分发投票。关于布列塔尼制度开始的原因，学者们有不同的说法。一般都认为布列塔尼制度可能就是克里斯提尼改革的结果，但是，罗德斯则认为这一制度可能是在厄菲阿尔特改革中提出的。[②] 布列塔尼的任职顺序是抽签决定的，所以，除了最后一任，其它部落根本不知道具体的任职时间。有学者认为这是为了防止腐败，但是笔者认为这并不是为了防止腐败，因为大部分情况下，公民大会在每届主席团的前几天是根本不召开公民大会的。[③] 如果想贿赂每届布列塔尼的话，这几天就足够了。所以，任职时间的抽签选择只是为了保持各个部落的公平而已，因为在古代希腊，一般而言，冬季的事务比较少，而夏季事务则比较多，像军事活动，大部分都发生在夏季，很少发生在冬季。

在公元前 400 年左右，主持会议的权力转移到一个九人委员会手中，九人委员会其中一人被任命为会议的轮值主席。九人委员会主持公民大会最早

---

① Demo. 23. 21.

② P. J. Rhodes, *Athenian Boule*, pp. 17 – 19.

③ Edward, M. Harris, "When did the Athenian Assembly Meet? Some New Evidence," *The American Journal of Philology*, Vol. 112, No. 3 (1991), pp. 325 – 341.

的记载是在公元前 379/378 年。① 九人委员会很有可能是公元前 403/402 年恢
复民主制和修改法律之后，也可能是在公元前 400 和公元前 380 年间产生
的。② 改革的目的我们不得而知，但是，很有可能是为了预防权力被一个人掌
握产生腐败问题。轮值主席在日落之时从当届主席团中选举出来，任职一夜
一天。③ 而九人委员会则是在每次公民大会召开之前任命。九人委员会的产生
也和预防腐败有关，公民担心当届的主席团在公民大会召开前就已经被贿赂，
而九人委员会来自不是当届主席团的其余 450 名五百人议事会成员，每一部
落抽签选举一人。这样就有效地避免了腐败问题的产生。九人委员会任期仅
仅一天，其唯一职责就是主持五百人议事会和公民大会。因此当没有议事会
和公民大会召开的时候，九人委员会也是不存在的。所以，九人委员会更多
的时候是主持五百人议事会，但当公民大会召开的时候，他们首先主持公民
大会的召开，然后在公民大会结束后负责主持五百人议事会。九人委员会是
抽签选举产生的，每次公民大会召开之前，议事会都要先行召开，选举产生
九人委员会。九人委员会从出席五百人议事会的成员，非从当届布列塔尼成
员中抽签产生。每个议事会成员在每届主席团任期内可以担任一次九人委员
会成员，一年可以担任一次主席。

　　　当主席团召开五百人议事会或公民大会时，这个总主席就以抽签方
　　式选出主席九人，每个部落一人，唯独担任主席团的部落除外，在这九
　　人中他又同样地选任一个总主席，然后把程序单交给他们。他们接收程
　　序后便检查议程，提出讨论事件，担任投票检举人，指挥一切其它事务，
　　并有权解散会议。④

　　当一个新的议程提出来之后，九人委员会首先要把五百人议事会的预备
立案宣读给参加公民大会的公民。公民对此立案是支持还是反对都要把自己
的建议写出来呈交给九人委员会主席。九人委员会，尤其是九人委员会的主
席主持公民大会，当某一议程结束后，九人委员会要主持公民对这一提案进
行投票，并且估算公民支持还是反对此提案，简单多数就可以通过。九人委

　　① P. J. Rhodes, "The Greek City State—A Source Book", *Croom and Helm*, 1986, p. 123.
　　② Hansen, M. H. *The Athenian Assembly in the Age of Demosthenes*, NewYork, 1987, p. 37.
　　③ 亚里士多德：《雅典政制》，43.1。
　　④ 亚里士多德：《雅典政制》，44.2—3。

员会看起来拥有很大的权力，他们可以拒绝就某一提案进行投票，但是，他们如果允许对某些违反宪法的建议投票，也要遭到处罚。[①]

此外，由于投票一般都是举手表决，几乎没有对举手人数进行过详细的查验，因此，估计哪些意见占据多数是一个需要很负责任的事情。亚里士多德在《雅典政制》中说九人委员会负责决定举手表决的结果。

> 举手之后，他们监督公民大会的秩序，提呈需要受理的事务，查计表决票数，统辖其它所有事务并且有权解散公民大会。[②]

但是并没有说他们如何估算这一结果。罗德斯认为，以前的翻译弄错了，并不是九人委员会查计票数，他们只是估计多数，而从来都不查具体的数字。实际上，如果某个议案获得了绝大多数人的同意，那么估算结果就没有必要了。但是在差不多的情况下，如何估算呢？计算几千人的举手情况并不是一个很容易的事情。有学者认为，公民大会是按部落而座，这样九人委员会就连同总主席可以每人负责数一个部落的举手情况，然后再简单相加，得出最后的结果。然而，我们已经分析过，雅典公民大会上并不是按照部落而坐的，所以，这一假设就是不成立的。汉森对比了瑞士一些实行直接民主的州的情况，认为公民大会上，举手的具体数字从来都没有详细计算过，一般情况下只是大致估算一下，不会超过一分钟时间。

如果举手表决由九人委员会或者公元前5世纪的主席团来决定，很难相信没有产生过对举手结果表示异议的时候。据色诺芬记载，公元前406年雅典公民大会在审判那些在海战中没有救回落水公民的将军时，经过一番辩论，到了最后的举手表决阶段。公民必须在是同意卡里色诺斯（Kallixenos）的集体审判还是同意幼里托勒摩斯的单独审判将军中做出决定，在第一次举手中，幼里托勒摩斯的建议获得了多数公民的同意，但是，公民摩尼克勒斯（Menekles）不同意这一决定，认为数票有错误，这样在第二次举手中，公民很多同意了卡里色诺斯的建议。[③] 最合理的解释就是，在主席团想停止审判将军时，将军的政敌们以第一次举手表决查计有误为由，要求第二次举手表决才

---

① Demo. 24. 50.

② 亚里士多德：《雅典政制》，44.3。

③ Xeno. 1. 7. 34。

造成了结果的改变。

如果九人委员会对举手表决结果意见不一致的话，可以在他们中间进行举手表决，多数的就是最终的结果。九人委员会成员可能因为种种原因而受到法庭的审判。我们在史料中看到很多材料说明九人委员会在某些情况下，受到贿赂而对举手结果进行错误的估算。[①]

一般认为雅典是在公元前 501 年设立了十将军委员会。但是直到公元前 5 世纪后半叶，随着执政官地位下降，战争的频繁，十将军的地位才凸显出来，他们逐渐能参加议事会并在会上拥有一般议员向公民大会的提案权，在公民大会上有发言的优先权。雅典民主中，将军是投票选举而不是抽签选举的，因为不是每个人都能担任这一职务。伯里克利就曾经连续 15 年担任将军一职，在雅典握有实权，修昔底德甚至称伯里克利统治时期雅典虽名为民主制，但事实上权力掌握在"第一公民"手中。[②]

将军是否有权召开公民大会呢？对此问题，学者们有不同的观点。汉森认为将军是否有权力召开公民大会是一个很难说清的问题。因为我们有许多关于将军召开公民大会的例子，但是这些例子很难说明什么问题。

> 将军们和议事会的主席团应召集公民大会，首先讨论和平问题，即是否答应拉西第梦的使团所提出的休战条件。[③]

在这里，修昔底德只是强调了公民大会被将军召集，而并没有说明将军如何去召集公民大会这一详细细节。

> 于是伯里克利召集公民大会，那时他还是将军，其目的一则想恢复民众的自信心，二则想把他们这种愤怒的情绪引向较为平和并且更加充满希望的精神状态。[④]

汉森认为，将军可能自己并没有这样的特殊权力召开公民大会，他们也要通过一定的程序才能使公民大会召开。汉森认为的程序是，将军首先要去五百人议事会，说服他们。然后五百人议事会通过预备立案让当届议事会主

---

① Aeschin. 3. 3。
② 修昔底德：《伯罗奔尼撒战争史》，2. 7. 65。
③ 修昔底德：《伯罗奔尼撒战争史》，4. 114. 14。
④ 修昔底德：《伯罗奔尼撒战争史》，2. 59. 3。

席团去召集公民大会。晏绍祥也认为将军并没有权力召集公民大会，而是五百人议事会才有这种权力。但他认为，将军可以举行召开一种专门讨论军事问题的公民大会，它的召开与否，是在将军的权限之内。① 至于这种公民大会的性质、职能、是否存在都是古典学界一个存在争论的问题。笔者倾向于认为，将军不太可能拥有召开军事问题的公民大会的权力，因为在古代雅典，战争是经常发生的，如果将军有权决定是否召开军事公民大会，那么雅典城邦的事务很可能被将军所把持，这是雅典公民不可能允许的，不要忘了他们的陶片放逐法，他们不可能允许将军利用职权通过控制召开军事公民大会而控制城邦。

第十节　公民大会中的演说家

任何社会总是存在而且必然存在公众舆论。雅典这样一个民主城邦也一样存在公众舆论。例如，雅典城邦的市政广场是城邦经济和政治生活的中心，这里是最大的集市，店铺林立，人们定期从各地聚集到这里，从事买卖。同时这里又是市政建筑集中的地方，是城邦公共生活和政治生活的空间。人们在这里交流有关城邦事务的信息，参与市政议事会和公民大会。在雅典的市政广场上，建有一个称作"纪名英雄墙"的建筑，其顶端竖立着 10 个雅典英雄的青铜雕像，分别代表雅典的 10 个部落，墙身用作公告栏。诸如公民大会通过的法令等有关城邦的事务皆公告于此，各项法令的预案也公告于此，供人们讨论，而后在公民大会上投票表决。同时公民大会所通过的法令都刻在石碑上，然后公布于广场之上。② 所以，在民主雅典，公众对城邦事务都会有一种舆论，而把这种舆论表达在公民大会上，形成共识，就是演说家的事情了。③ 而且，一个人是否能够在政治上保持影响，并不在于他所担任的职务，而在于他能否经常说服公民大会接受他的建议，把他的建议变成法律。

---

① 晏绍祥：《雅典首席将军考辨》，《历史研究》2002 年第二期。

② 黄洋：《雅典民主政治 2500 年？》，《历史研究》2002 年第六期。

③ Josiah Ober, "Public speech and the power of the people in democratic athens", *Political Science and Politics*, Vol. 26（1993），481 – 486.

演说家的希腊文为"δημ－ἄγωγ ος"①，实际上，它最早是一个中性词，用以称呼人民领袖。有学者认为，雅典公共事务过于复杂，一定需要有人在幕后做那些繁重的工作。要使制度能够运行，"民众煽动家"是不可或缺的专门人才。他们的出现，通常算到伯里克利的去世之日，一般认为这一角色的原型是"没有阶级归属"的克里昂。事实上，伯里克利自身便有相当的"民众煽动家"色彩。

演说家依靠的是说服和演讲术。在伯里克利之前，政治家一般都是出色的演说家，而在公元前4世纪，演说家开始和政治家分野，尤其是演说家和将军开始分开。

奥伯在1989年指出，到公元前4世纪的时候，雅典平民就已经通过对政治意识形态的控制，解决了平等主义原则同政治领导权的需要之间的潜在冲突。他还指出，对于领导精英，人们始终都有一个要求，要求他们能够在言辞与物质上都表明，他们确实值得人们的认可。

演说家在雅典民主政治中的职能是多种多样的。他可以代表民众表达他们的意志，为民众辩护以反对国内外的敌人，并给民众可靠的建议。在某种情况下，他们还不得不担任领导职务。许多职务看起来相互冲突，但是，这些职能之间实际上并不相互排斥。而且，雅典社会和政治的稳定同演说家的作用也是分不开的，尤其是他们在沟通社会的上层与普通民众之间方面扮演了一个关键的角色。本书认为，演说家在雅典公民大会中的作用有如下几个方面：

一、作为民意的代言人

雅典人认为集体的决定比个人的决定更正确。

> 当他们合而为一个集体时，却往往可能超过少数贤良的智能……如果许多人（共同议事）人人贡献一分意见和一分思虑；集合于一个会场的群众就好像一个具有许多手足、许多耳目的异人一样，他还具有许多性格，许多聪明。②

---

① 罗念生、水建馥：《古希腊语汉语词典》，商务印书馆2004年版，第188页。
② 亚里士多德：《政治学》，1281b1—6。

　　但是，集体是一个很庞大的群体，不可能每个人的意见都得到表达，而且在公民大会召开的短暂时间内，也不可能允许众多的公民都上台发表自己的看法。这时候，演说家就充当了民众代言人的角色。

　　古典作家的作品也充分证明了演说家的这一职能。古代雅典民主制度赋予公民对公共事务的发言权，但却没有建立起很好的权力制衡制度，因此公共权力很容易被装扮成民众领袖的煽动家所攫取。柏拉图、亚里士多德、修昔底德和伊索克拉底等都一致谴责演说家为煽动政治家，认为他们为了取悦听众，只说那些听众感兴趣的事情。因此，他们严厉地批评那些没有发挥出自己领导职能的演说家，批评他们不能抗拒民众的意志，只一心取悦他们，而不是为国家提出真正好的、有益的建议。德摩斯梯尼也说，"演说家经常是完全以大众的意志为转移"。

　　这一点也受到近现代学者的批评，美国学者萨托利就认为数千人聚在一起会热烈赞成一项提议，而如果把它交给分成团体的同一群人，它肯定会遭到否决。[①]

　　汉密尔顿更是直接批评雅典民主，他认为雅典的公民大会在宪政设计上是不可接受的，因为这种集会被派阀心理所支配，而且践踏苏格拉底式的良知。即使每个公民都是苏格拉底，雅典公民大会仍将是一群暴民。[②]

　　在现代社会，多元的共识不但适合而且有利于一个良好政体的发展。雅典演说家实际上也并不能使公民达到全体一致的共识，但是，他们基本上还是表达了大多数公民的意见，不然，他的主张就很难在公民大会上通过。

二、作为民众的保护者

　　然而，正像芬利所指出的，雅典的演说家并不仅仅只是完全取悦于民众。相反，他们是构成国家机能的一个组成部分。[③] 在这里演说家履行的一个重要职能就是保护民众，这不仅要求演说家站在民众前发表演说，而且演说家要能够在演说中把那些对民众可能产生危险的事务传达给民众。因此埃斯奇奈

　　① 乔·萨托利：《民主新论》，东方出版社1993年版，第131页。
　　② 刘军宁：《共和、民主、宪政——自由主义思想研究》，上海三联书店1998年版。
　　③ Finley, M. I., "Athenian Demagogues", *Past and Present*, 21 (1962): 75–84.

斯称演说家为"民主政治的保护者"。①

这种保护一方面是在公民大会上，演说家充当民众保护者的角色。吕西阿斯在回忆公元前 404 年的公民大会时说：

> 在吕桑德（Lysander），菲洛查勒斯（Philochares）和米太亚德（Miltiades）出席公民大会之后，他们要求公民大会讨论政体问题，当时没有演说家能够反对他们的建议，或者是由于恐惧而不敢反对他们。唯有你，不怕威胁，选择了最有利于城邦的建议。②

另一方面是在陪审法庭上，演说家运用他高超的演说技巧帮助那些不善言辞的公民赢得官司的胜利。③

> 在法庭上，诉讼者不是依靠自己的亲戚或者朋友来帮助他，因为在这个民主的城市里，法律允许那些善辩的演说家去援助处于诉讼中，却在法庭上不善于表达的公民。④

三、作为公民大会上的主要建议者

演说家对民众的保护也体现在公民大会上能够为公民提供合理的建议。作为公民大会的主要发言者，演说家在公民大会上提出了许多公民没有想到的看法、建议供公民进行政策选择。因为普通公民对政治没有兴趣，对许多事情，公民没有什么看法，仅仅是出于情绪和感情变化的说不清道不明的感觉而已。只是在关系到切身利益的时候，他们才真正表现出对政治的关心。

正如伯里克利在丧葬仪式上发表的演说所指出的，演说能够教育公民，而且演说家们的争论对国家也是有益的。公民大会上的发言体现了雅典公民具有言论自由，每一个公民都可以在公民大会上发言并提出自己的建议。就像德摩斯梯尼所说的，如果在公民大会上，公民对所有事务都一致同意的话，

---

① Aeschin. 3. 250 – 251.

② Lysias12. 71 – 72.

③ Alfred, P. D. *Anticipation of Arguments of Athenian Courts*, Transactions and proceedings of the American Philological Association, Vol. 66 (1935), 274 – 295; A. O. Wolpert, "Addresses to the Jury in the Attic Orators", *American Journal of Philology*, 2003, p. 537.

④ Hyp. 1. 10.

那么他就不需要提出他自己的意见了，因为个人比集体更容易犯错误。

公民大会通过辩论，使公民可以在其中选择最有利于城邦的决定。例如在关于是否将米提列涅人全部处死的问题上，当公民大会第一次在愤怒中作出了全部处死的决定后。第二天又召开了公民大会，决定重新讨论是否处死米提列涅人。在这次公民大会上，克里昂进行了发言，要求公民大会坚持上一次的决定，处死米提列涅人。他的建议遭到了戴奥多都斯的反驳，最终戴奥多都斯获胜。关于这场辩论，它的起因和结果，一方面反映了演说家在公民大会中的作用，另一方面也反映了公民对很多问题的深思与反省。公民能够分辨哪些是对自己有利的，哪些是对城邦无益的。

演说家作为政策的建议者，也时常会提出一些对城邦不利的建议。这往往不是出于他们的本意。芬利认为，在伯里克利之后，公民大会的领袖主要都出自像克里昂那样的商人阶层。他们往往是一些很能干的人，但同时也是机会主义者。为了取悦听众，他们往往成为听众的"奴隶"。在公民大会上，他们不是提出一些对城邦集体有利的事情，而是顺从民众的狂热情绪，提出一些更能够激起民众热情的建议，而不去理会这些建议的后果。①

例如西西里远征，虽然远征的动因是雅典民众的野心，他们要对远征的发动负主要责任，但并不是说雅典的演说家就没有责任。可以这么说，是他们诱发了远征。在民众的内心燃烧着征服的热望，失去理智的时候，雅典的演说家或者平民领袖应该站出来，抑制民众过激的情绪，纠正他们的错误，尽量避免城邦的利益受到损害。他应该领导民众，而不是随意地顺从民众；他应该理智地分析局势，然后做出正确的判断，就像伯里克利所做的一样。

然而，伯里克利之后的演说家或平民领袖不像他那样大公无私、高瞻远瞩地关心人民和城邦的利益。他们往往以个人或集团、党派的利益为行动准则，无视城邦法制，采取欺骗和煽动手段激起民众的偏激情绪，以便通过他的提议或控告，排挤打击对方。尼西阿斯和约为尼西阿斯赢得了殊荣，这让亚西比德感到颜面大失。因为他是主张与斯巴达作战、扩张帝国和严格控制属国的。在雅典人对尼西阿斯和约表示不满的时候，亚西比德没有想办法抑制人们的不满，反而大肆宣扬，借此来激起人们对那些主张和平的人的愤怒。

---

① Finley, M. I., "Athenian Demagogues", *Past and Present*, 1962, 2, pp. 3–23.

他梦想着在意大利与西西里的富庶城邦中为雅典开拓新疆土，雅典可在那里获得粮食、物资及人力，雅典可在那里控制伯罗奔尼撒半岛的粮食输入，那里能使雅典的贡品收入加倍，因而成为希腊最伟大的城邦。假如雅典能征服叙拉古，整个西地中海都将投入它的怀抱，那时候雅典所获得的辉煌成就，即使伯里克利也未曾梦想到。① 所以他极力用自信乐观的诺言蛊惑群众，使他们唯他马首是瞻。他这样做是因为远征的胜利会给他个人带来极大的名誉和权力。他根本不去考虑远征失败会使整个雅典作战的力量受到损失的结果。

在雅典历史上，由于身为富人的领袖人物的煽动，公民大会做出错误决议的事，并非仅此一例。公元前 406 年，雅典人在阿吉纽斯海战中取得了胜利，在当时战局不利的情况下，取得如此胜利，对雅典来说是一个难得的重新扭转战局的时刻。但是，由于天气恶劣，战场的指挥官没有能够及时把阵亡将士的尸体收回。这样，在一些政客的煽动下，本来有功的指挥官反而成为阶下囚。公民大会甚至违法将六位将军全部处死，其中就包括伯里克利的儿子。因为依照雅典的法律，必须对被告逐一表决，但是这一次公民大会，在煽动家的蛊惑下，愤怒的公民公然违反了法律，对六名将军一起进行了表决，并立即执行死刑，造成了雅典民主史上的一大错误判决。

伯里克利可以说是演说家的典型代表，虽然芬利认为在他之后的演说家都是蛊惑家，但是伯里克利也同样具有这些特征。在伯罗奔尼撒战争第二年，瘟疫发生了，公民开始谴责伯里克利，认为是他使雅典走向了战争，他们开始反对伯里克利。伯里克利知道他们的愤怒，所以召集了公民大会，劝说公民听从他的安排。修昔底德说："伯里克利试图平息雅典人对他的愤怒，并引导他们的思想离开目前的痛苦。在政策方面，他们接受了他的劝告，不再遣使求和……但他们对他公开的恶感依旧存在，直到他们对伯里克利进行罚款，才心满意足。"②

所以虽然广大公民通过公民大会这一最高权力机构，直接参与了国家管理。但是一旦公民集体内部的团结因某种原因遭破坏，或多数公民一时受欺骗，就不可避免地发生不按法律办事的情况，公民大会就成了"集体僭主"。因此，古代雅典民主政治虽然有效地防止了个别官吏的滥用职权，但是却不

---

① 威尔·杜兰：《希腊的生活》（第二卷），东方出版社 1999 年版，第 577 页。

② 修昔底德：《伯罗奔尼撒战争史》，2.7.65。

能从整体上防止政府决策的失误和违法行为。

我们无法对演说家作道德上的评价，但是我们可以对他们作政治上的分析。演说家的出现与雅典民主政体是密切相关的，在公民大会上，公民决定城邦的一切事务。然而由于每次公民大会的参加者都不一样，不同的组成必然导致不同的政治选择。如在公元前411年，贵族寡头派利用雅典战舰远征的机会，在公民大会上取得了多数而废除了雅典民主制度。就是因为支持民主的海军等贫穷公民都不在国内所致。即使正常情况下，公民大会的参加者和组成成分也是难以确定的，所以演说家要在很短的时间内做出迅速的反应，才能使自己的政策和建议获得通过。

在雅典公民大会上，一个政治家无论推行什么样的政策，都必须赢得公民大会上大多数公民的支持，反之则败。如克里昂在公元前425年的关于如何对待米提列涅人的时候，克里昂获得了大多数公民的支持，但是在次日召开的公民大会上，他又失去了公民多数支持，前一天的决议也因此遭到否决。因此为了获取公民大会上大多人的支持，演说家形成一个稳固的支持自己的小群体就成为必然。公元前416年，陶片放逐法本来想放逐亚西比德和尼西阿斯，但是当许佩玻洛斯出来指责他们的时候，他们反而联合起来放逐了许佩玻洛斯①，可见演说家和政治家都有自己的支持者。如果没有支持者，他们的政策也是很难获得通过的。

第十一节　公民大会上存在党派之争吗

亚里士多德在《雅典政制》中记载，在梭伦改革之后，雅典有三个党派：

> 党派有三：其一为海岸党人，以阿尔克墨翁之子墨加克勒斯为首，据说他们的目的在于创立一种中庸的宪法；另一个是平原党人，他们要求成立寡头政治，其领袖是吕库耳菊斯；第三个是山地党人，以庇西特拉图为首，他被看成是一个极端倾向人民的人。②

---

① Plu, *Arist.* 7. 4.
② 亚里士多德：《雅典政制》，13. 4。

19 世纪大部分的史学家都认为，在古代雅典公民大会上存在政党，其性质与现代社会的政党几乎没有什么差别，并以此来分析雅典民主政治。如 19 世纪的史学家瓦布里（L. Whibley）在他的专著《伯罗奔尼撒战争时期的雅典政党》中，就把雅典当时的公民集体分为三个党派：寡头派、民主派和中间派，他们分别代表了社会中的富人、穷人和中间阶级。① 同时代的其他著名史学家如格罗特、布洛赫等也都持此种看法。② 这些史学家的观点与当时古史现代化的潮流有很大的关系。③

20 世纪初，一些学者仍然没有抛弃古史现代化理论，认为德摩斯梯尼时代雅典分为四个党派，他们是以伏西翁为首的寡头党、以德马德斯为首的中间派、以希佩里德斯（Hypereides）为首的激进派、以德摩斯梯尼为首的民主派。

然而，现今学者对此观点已经基本上持否定的态度，如皮尔森（Pearson）认为在雅典根本没有现代意义上的政党。④ 芬利也认为在雅典没有所谓政党存在，有的只是一些围绕在一些演说家身边的支持者，没有固定的追随者，没有固定的党纲等，根本称不上有现代意义上的政党。⑤ 汉森认为，在雅典公民大会上根本不存在现代意义上的政党，有的也只是一些小规模的群体，没有固定的追随者，是十分松散的组织。⑥

不管有无党争，我们都不能忽视在雅典社会应该存在一些社会群体，他们有共同的利益，为了利益，他们可能会组成一些团体组织，以维护自己的

---

① L. Whibley, *Political Parties in Athens During the Peloponnesian War* (Cambridge: 1889), 38 – 9, 121. 转引自 Barry, S. Strauss, *Athens after the Peloponnesian War*, p. 15。

② G. Grote, *History of Greece*, Vol. 5, pp. 130, 210 – 11, 216 – 20.

③ 古史现代化是 19 世纪末在西方史学界问世的新的研究方法，在迈尔的带动下，加之当时在西方享有盛誉的一代德国学者都持相同立场，并以个人研究充实了迈尔的观点，使古史现代化成为研究古代希腊史的主流。他们把古代希腊与近代资本主义类比，认为荷马时代是希腊的中世纪，古典与希腊化时代是资本主义的发展期，公元前 5—前 4 世纪的雅典如同 18 世纪的英国和 19 世纪的德国，而罗马帝国时期则是资本主义的完成期。古史现代化学派认为古代雅典是以工商业为主的城邦，它的一切都可以用近代资本主义作为对比来研究，开启了重商与农本的争论。现代史学界已经逐步放弃了古史现代化的观点，如黄洋的《古代希腊土地制度研究》就反击了以往认为希腊是以商业为主的观点，认为希腊还是农本经济。

④ L. Pearson, *Party Politics and Free Speech in Democratic Athens*, GRBS 7 (1937), 41 – 49, 转引自 Barry, S. Strauss, *Athens after the Peloponnesian War*, p. 15。

⑤ M. I. Finley, *Athenian Demagogues*, 10 – 17.

⑥ 汉森：《德摩斯梯尼时代的雅典公民大会》，第 72—86 页。

利益。所以，无论是西方古典作家还是现代学者都不能否认在雅典存在这样一些社会群体，这些社会群体依靠亲戚、朋友和宗教联系，影响着雅典在政治上的选择。这一问题也引起了一些国内学者的注意，如史海青认为，在古代希腊历史上，党争问题是一个相当普遍而又极其重要的问题，并且曾对雅典乃至整个希腊的历史发展进程产生过极大的影响。[1] 或者是一些贵族建立的会社性质的小团体，而根本不是什么现代意义上的政党。[2]

本书认为，雅典历史上的党争与当代的党派斗争，无论在党派的概念上，还是在党争的形式、内容和性质诸方面都大相径庭，不可同日而语。

所谓的雅典党派斗争都是围绕某些共同的政治、经济利益而自然形成的一些松散的公民集团。他们没有明确的纲领和严格的章程，没有层次各异的上下级组织机构。他们的领袖是追随者因其才能出众并在社会上有一定的影响遂甘愿服从而形成的，并非通过正式选举产生，而且追随者也是不固定的，往往随着公民大会的结束而结束。即使有固定的支持者，一般也就20—30人左右，而且不会有群众基础。很多都是上层贵族青年所组成的俱乐部。这些俱乐部都是秘密组成的，而且是私人的。[3]

有学者认为雅典的党争由来甚久，它可以追溯到雅典国家形成初期。有史实为证的党争历史前后延续不少于300年时间。包括公元前8—前7世纪平民派与贵族派的党争，梭伦改革后三个政治派别——平原党、海岸党还是山地党之间的党争，僭主被驱逐之后的贵族党与民主党之间的斗争，随后的泰米斯托克利为首的过激民主党与以阿里斯提德为首的温和民主党之间的党争，伯里克利死后，以尼西阿斯为首主和派和以克里昂为首的主战派之间的党争。伯罗奔尼撒战争结束之后，雅典内部的党争以亲马其顿派与反马其顿派之斗争的形式出现，实质上仍是过去贵族党与民主党斗争之继续。[4]

汉森对于雅典党争进行了严密的分析，认为在雅典民主政治中，不存在严格意义上的党争，所谓的党派，无论是贵族党，还是民主党，无论是平原党、海岸党还是山地党，都没有群众基础，而是上层贵族之间进行斗争而结

---

① 史海青：《试论雅典党争》，《固原师专学报》1994年第四期。
② 韩益民：《西西里远征前的雅典渎神案》，《华南师范大学学报》2003年第三期。
③ Demo. 21. 213；54. 7.
④ 史海青：《试论雅典党争》，《固原师专学报》1994年第四期。

成的一些社会组织。①

　　认为雅典存在党争的学者的证据是，在公元前 406 年阿吉纽斯海战之后，公民大会对于在海战中没有能够及时救助落水公民的六位将军进行审判时，在宗教节日的那一天，狄拉米尼斯（Theramenes）号召所有死者的亲属等穿上黑色衣服，然后去参加公民大会投票反对那些将军。② 如果没有一些党派去组织，狄拉米尼斯如何能号召众多的公民参加公民大会去反对那些将军们呢？伯里克利是我们所熟悉的雅典民主派的领袖人物，他的身边也有很多朋友，如著名的哲学家、建筑家等，这些人为其提供政策咨询，保证伯里克利执政的稳定。③

　　公元前 427 年，公民大会就是否处死米列提涅人进行了一场大辩论。据修昔底德记载，第二天，雅典人民感觉到很懊悔，所以决定就这一问题进行讨论，如果没有一个组织来发起讨论，我们很难说在这种情况下，公民大会会召开。但是我们并不清楚这次公民大会是如何召开的。

　　还有就是陶片放逐法的应用。公元前 416 年，陶片放逐法准备在尼西阿斯和亚西比德之间进行投票决定放逐谁，然而这时候出现了许佩玻洛斯，后来，尼西阿斯和亚西比德联合起来放逐了许佩玻洛斯。这是陶片放逐法的最后一次使用，从此以后雅典人就不再使用它了，因为他们认为它已经失去了原来的作用。由此可见，如果没有一些团体的努力，尤其是支持尼西阿斯和亚西比德的公民的努力，不可能会出现放逐许佩玻洛斯的结果。虽然我们不能说此时有政党存在，但是一定程度的公民组织是存在的。

　　对此，汉森做了非常详细的考证，他从政党的概念 stasis、Hetaireia 等方面入手进行分析，最后得出结论认为在雅典根本没有现代意义上的政党，但是却存在以某些贵族为主的一些小组织。④ 在雅典即使是一些小的组织，它们也能影响到公民大会的投票结果，或者影响公民的决定。德摩斯梯尼多次在自己的演说中提到，他受到了来自以埃斯奇奈斯为首的一些人的攻击，他们不让他顺利地发表自己的演说，哄他下台。⑤ 当然，在民主雅典，一个想从事

①　汉森：《德摩斯梯尼时代的雅典民主》，p. 284。
②　Xen, *Hell.* 1. 7. 8.
③　Xen, *Hell.* 1. 7. 8.
④　汉森：《德摩斯梯尼时代的雅典民主》，p. 279。
⑤　Demo. 18. 143.

政治的人可以依靠的，除了他的亲属，就是他的朋友，或者他的邻居、熟人之类。即使如此，他并不能保证所有这些人都支持他，他们的态度显然会随着他所提出的建议而有所变化。同时，如芬利指出的，每次出席公民大会的公民并不相同，其成分会随着时间、地点的变化而有所不同。[1] 而所有的问题，都必须在当天的会议上做出决定，不能被推迟到第二天。有些时候，即使会议出席者的成分没有明显变化，但在两次公民大会之间，甚至一夜之间，出席者的情绪会发生戏剧性的改变，从而使所有的雅典政治家始终处在紧张之中，他们需要不断提出自己的建议，并使自己的建议被雅典人民接受。

而且到了公元前 4 世纪，由于将军更多地在战场上，将军开始和演说家分野，像伯里克利那样集将军和演说家职能于一身的人物越来越少了，像德摩斯梯尼和埃斯奇奈斯都是著名的演说家，但是他们没有任何军事职务，而将军也需要这些演说家在公民大会上为其寻求支持，这样很多将军和演说家就结成了联合阵线。另外，雅典五百人议事会只能允许公民担任两次，为了使自己的建议能在议事会获得预备立案，演说家也需要有人为其在议事会上提出议案，然后他才能在公民大会上去辩论，以期获得通过。这些都需要公民之间的联合。所以，在雅典民主政治中，存在一定的社会组织，他们为了共同的利益而结合在一起。但是，并没有我们所谓的党派之争。

第十二节　公民大会津贴

汉森认为德摩斯梯尼时期公民大会参加者要比伯里克利时期多，而唯一的原因就是存在公民大会津贴制度。公元前 4 世纪的公民大会津贴，开始于伯罗奔尼撒战争之后不久，当时是为了吸引更多的公民参加公民大会，而后成为一种制度，一直实行到公元前 338 年。亚里士多德认为政治参与可以通过两种途径得到激励。

富人如果不参加会被罚款，而穷人不出席则不会受到任何惩罚。[2] 穷

---

[1]　M. I. Finley, *Athenian Demagogues*, 10 – 17.

[2]　亚里士多德:《政治学》, 1297a17。

人出席公民大会和公审法庭可以领到津贴，富人即使缺席也不会受罚。①

第一种方法被认为是寡头政体的，而第二种方法则是民主政体的。在公元前5世纪的时候，雅典使用各种强制方法强迫公民去参加公民大会。在公民大会召开之前，西徐亚"警察"都要在市场上，用染红色的绳子把公民驱赶到普尼克斯，以使公民参加公民大会，公民身上如果沾上了红色而没有参加公民大会就要交罚金。即使如此，参加者还是很少。而公元前4世纪开始实行津贴制度之后，参加者明显有了增加。

　　公元前390年，阿古尔里奥首次实行公民大会津贴，每个参加公民大会的公民可以得到1奥波尔的津贴。在其后，克拉左美奈的赫拉克内戴发放2奥波尔，阿古尔里奥又增加到3奥波尔。②

此后，公民大会津贴继续不断地增加，到了德摩斯梯尼时期，已经增加到普通公民大会有1德拉克玛，而主要公民大会有1.5德拉克玛的水平了。③在阿里斯多芬的喜剧《妇女公民大会》上，剧作家嘲笑3奥波尔就导致大量的公民去参加公民大会。④公民大会会场因此充满了公民，几乎没有空闲之地，不仅仅容纳所要求的6000人。后来者发现已经不能获得津贴也因此而不进入会场。⑤在公元前340年普尼克斯扩建之后，会场应该能够满足所有想参加公民大会的公民的愿望，公民大会津贴也可能向所有参加者发放，而不仅仅是最早到达的6000人。

假使我们认定公民大会都有6000人参加，按照德摩斯梯尼时期的公民大会召开次数来计算，那么雅典一年在公民大会上花费的大约有50塔兰特。这可能是雅典在和平时期最大的一笔预算了。但是，雅典民主政府一直都没有把这一津贴取消，即使雅典在公元前4世纪经常陷入经济困境。原因很简单，就像德马德斯（Demades）所说，津贴已经成了"民主政治的黏合剂"。⑥琼

---

① 亚里士多德：《政治学》，1297a36。
② 亚里士多德：《雅典政制》，41.3。
③ 亚里士多德：《雅典政制》，62.2。
④ Ar, *Eccl.* 330, 101 – 102, 95, 282 – 284.
⑤ Ar, *Eccl.* 330, 101 – 102, 95, 282 – 284.
⑥ Plut, *Mor.* 1011B.

斯首先提出反对意见，他认为雅典民主政治并不依靠帝国收益。① 汉森也认为虽然帝国收益对雅典民主起到了很大的促进作用，但用于战争上的花费要远远高于用于津贴上的花费。所以，无论何时，雅典处于破产边缘的时候，都不是因为民主政府上的花费，而是军事上的花费所致。②

汉森认为公民大会津贴能够补偿农业公民和贫穷公民的需要，他们会因此而积极参加公民大会，而不是因为工资水平高于津贴，公民就减少或者不参加公民大会。③

此外学者们对公职津贴的负面影响也进行了分析，古典作家亚里士多德就对公职津贴持反对的态度，他多次表达了对公职津贴制度的不满。

> 人类的贪欲永无止境，开初仅两个奥波尔就足够打发，但人们一旦对此习以为常，就会要求更多的钱，直至贪无止境。因为欲望的本性是无止境的，而大多数人仅仅只是为了填充欲壑而活着。④

> 由于发放津贴，甚至包括穷人在内的公民们就得以拥有了充足的空闲时间，共同参与了城邦的治理。而且，这种情况下的群众实际上尤其悠闲，因为他们无须因操心私产而在公共事务中受到拖累，然而富人就难免受到阻挠，以致常常无法出席公民大会和参加法庭审理。因此穷人大众就逐渐控制了政体，法律也就失去了它的权威。⑤

> 倘若公民大会的成员由于领取津贴可以不愁吃穿，他们就会染上开会的习惯，甚至荒废了本业，常常聚集起来商讨诸般事宜，事事都要亲自作出裁决。⑥

虽然亚里士多德对公职津贴制度进行了批评，但是我们从他的批评中可以看出，公职津贴对于促进公民积极参加公民大会还是起到了积极的作用。但是，全方位的公民政治生活形式需要强大的经济上、时间上的保障。实际上，不管学者们如何分析，而且可能看起来很合理，我们也不能不看到这样

---

① Jones, A. H. M. "The Economic Basic of the Athenian Democracy", *Past and Present*, I (1952), pp. 13 – 31.

② 汉森：《德摩斯梯尼时代的雅典公民大会》，第48页。

③ 汉森：《德摩斯梯尼时代的雅典公民大会》，第47—48页。

④ 亚里士多德：《政治学》，1267b40。

⑤ 亚里士多德：《政治学》，1293a3—10。

⑥ 亚里士多德：《政治学》，1300a1—5。

一个事实。在雅典城邦鼎盛时期，公民大部分时间都花在广场上进行公共活动，他们不得不承担的必要劳动负担怎么办？私有经济必然导致两极分化，而竞争失败者不至于丧失公民身份，那么是谁承受了失败？亚里士多德说：

> 在雅典，因为贡税、征税和盟国捐款的综合所得，足以维持两万多人的生活。陪审官六千人，弓箭手一千六百人，骑士一千二百人，议事会的议员五百人，造船所的卫士五百人，还有城市卫士五十人，国内官吏七百人，国外七百人；后来在战争时期，除了这些人之外，还要加上重装步兵两千五百人，护卫舰二十艘和其它用以运送抽签选出二百卫兵的船只；此外还有市政公所、孤儿、狱卒……所有这些人都是靠公家经费供养的。①

所有这些人都要靠国家供养，这无疑需要国家拿出很大的一笔费用。亚里士多德也承认需要用盟国的捐款来维持这些公民的生活。但是，具体到盟国捐款在其中所占比例到底有多大，影响如何？因为许多学者认为，在公元前4世纪的时候，雅典在已经失去帝国的情况下才开始实行公民大会津贴，所以，他们认为盟国捐款对于雅典民主来说没有什么大的影响。②

但是，实际情况可能并不如此，在伯罗奔尼撒战争之前，据说雅典国库有9000多塔兰特，这些应该大部分来源于盟国的捐款，所以在雅典帝国时期，盟国的捐款为雅典民主的发展，尤其是对下层公民来说都是一个福音，想想西西里远征，没有了盟国的捐款，穷人为了满足私欲，不惜冒险远征，这些同国内经济状况不可能没有关系，远征失败后又开始向富人征收财富，引起了两次寡头政变。

到了公元前4世纪，虽然没有了盟国的捐款，但是雅典民主仍然维持了下来，制度仍然在运转，那么这时候它靠什么来运转呢？要知道公元前4世纪之初，雅典一年的财政收入才400多塔兰特。③

公民大会津贴在雅典只是实行了50多年，从公元前390年到公元前338年。在实行公职津贴的日子里，即使每次公民大会都有足够的6000名公民参

---

① 亚里士多德：《雅典政制》24.3。

② Jones, A. H. M. "The Economic Basic of the Athenian Democracy", *Past and Present*, I (1952), pp.13-31。

③ 徐松岩：《古典时代雅典奴隶人数考析——兼评"持续增长说"》，《世界历史》1994年第三期。

加，每年召开40次，那么一年的花费也大约才50塔兰特，这是雅典最少财政收入时期国库收入的八分之一。这与战争花费相比还是很少的。

此外，公元前4世纪的雅典，海军仍然是其军队的主力，第四等级在军队中一直占据主导地位，所以，实行民主制度是整个公民集体得以保证自己统治地位的关键。贵族也不敢轻易剥夺普通公民的权利，而实行公职津贴则是对贫穷公民的最好补贴。它既可以保证公民的参政，又可以提升贫穷公民的公民意识，保证整个公民集体的稳定。

公民大会的运行程序，集中体现了古代雅典民主政治的本质特征，即公共权力由公民多数人的意志所支配，"政事裁决取于大多数人的意志……大多数人的意志就是正义"。① 它的民主制度的运行程序与今天的代议制民主已经完全不同，但是我们仍能从中吸取一些有益的经验。

---

① 亚里士多德：《政治学》，1317b1—15。

第五章　公民大会的主要职能

　　作为雅典城邦的最高权力机构，城邦的一切事务都要经过公民大会的讨论决定才可以进行。公民大会实际上是一个集立法、行政和司法三位于一体的国家机关。它拥有立法权、人事任免权、宣战、缔和乃至指挥具体战争的重要权力。约从公元前5世纪起，公民大会还经常受理涉及重要人物或高级公职人员的案件以及司法执政官提出的公诉等，直到公元前4世纪中叶以后才逐渐取消。行政和财务问题也是公民大会经常讨论和处理的事务，大到公共建筑项目的立项拨款、公有财产的承包租赁、舰船的修造，小到公民个人与社会及公共关系发生矛盾的申诉。下面笔者从几个方面分别来论述公民大会的主要职能。

第一节　选举官员

　　公民大会的一个最主要职责就是选举政府官员：包括文职官员和军事官员。凡年满30岁的雅典男性公民都可以通过抽签或举手选举方式供职于行政机构，担任公职。在亚里士多德时代，雅典行政机构有27个之多，这些行政机构绝大多数由10人组成，分别来自不同部落，也有极少数由10人以上或5人组成，他们分别在军事、财政、宗教、工商、司法、市政管理等具体事务方面享有处理权力，他们要对公民大会负责。实际上几乎所有重要的雅典官职都是从公民大会直接选举产生的，他们受到公民大会、议事会和陪审法庭的严密监督。所有行政机构彼此之间都没有隶属关系，各机构内部实行集体领导和少数服从多数的决策原则。选举在每年早春进行，当选者7月初就职。绝大多数的行政公职任期为一年，并且不能再次担任，但个别重要的官职却可以连选连任，如军事官职等。

一、九执政官的选举

雅典执政官的选举经历了一个发展变化的过程，从公元前 683 年开始，执政官改为一年一任，并逐渐从贵族向全体公民开放。到了公元前 457 年，第三等级公民已经取得担任执政官资格，[①] 第四等级后来也取得了这一资格。这样，执政官选举就不再受到财产的限制，已经向全体公民开放了。

在梭伦改革之前，我们并不清楚执政官是如何选举的。很多学者都认为，公民大会这时候绝对没有权力选举执政官，选举执政官应由贵族所把持，贵族议事会在当时拥有绝对的权力。但是也有相反的看法，如希格奈特就认为，在从王政向贵族政治转变的过程中，公民大会获得了任命执政官的权力。[②] 笔者认为，这一时期的公民大会不太可能获得选举执政官的权力，即使有，人选也要由贵族提议，公民大会最多只是走个形式而已。僭主政治时期，僭主为了维护自己的统治，可能改变了梭伦时期的执政官选举办法，由抽签选举改为直接选举，因为这样有利于拥护僭主的贵族进入贵族议事会。

克里斯提尼改革之后，由于公民大会权力上升，执政官的选举也相应发生了变化。尤其是在公元前 487 年，执政官选举发生了重大变化。首先在部落选出 500 人，然后在公民大会上抽签选举产生 9 名执政官。对于这次改革，学者们认为与打击僭主有关系。因为在克里斯提尼改革之后，僭主势力仍然存在，改革执政官的选举办法，扩大参选对象，实际上使僭主支持的堡垒——贵族议事会构成发生了变化，其性质也因此逐渐发生改变。执政官改为抽签选举后，其重要性也逐渐降低，而将军则逐渐取代了执政官在城邦中的重要地位。而执政官日趋平民化，地位逐渐无可挽回地下降了。

二、军事官员的选举

军事官员是十分重要的官职，也是雅典民主政治中唯一没有实行抽签选举的官职，因为军事官职需要有一定能力的人才能担任，普通公民很少能胜任，所以，在雅典，军事官职是举手选举产生的。而且许多军事官职都可以连选连任，没有任何限制。例如伯里克利就曾经连续 15 年担任将军、克里昂

---

① 亚里士多德:《雅典政制》，26.2。
② Hignett, C. H. A. C. p, 79.

也曾 45 次被选为将军。① 雅典军队的最高指挥官，在公元前 487 年改革之前一直是军事执政官。军事执政官拥有很大的权力，在马拉松战役中，军事执政官还在主持将军委员会。然而，面临与波斯的战争，为了保持政策的连续性，也要求有真正能力的人来统率军队，这样一年一任的执政官逐渐让位于可以连选连任的将军。雅典将军设立于何时，我们并不清楚，可能在梭伦改革之前就已经存在了。但是当时将军的地位还不那么重要，可能只是军事执政官的助手。直到克里斯提尼改革之后，尤其是希波战争爆发后，将军地位才突出起来。

亚里士多德曾说：

> 他们又在民众会中举行司令官、骑兵司令和其它军官的选举，其方式以人民之意为依归；这些选举在第六届主席团后由任期中有吉兆的第一次主席团举行之。这些事件也必须由议事会预先决定。②

雅典最重要的军事官职是十将军。雅典十将军的产生，是克里斯提尼部落制度改革的必然结果。时间大概在公元前 501 年。

> 在这些制度建立后的第五年，他们开始按部落选举司令官，每部落一人，但全部军队仍归军事执政官统率。③

十将军制度确立后，选举将军的职责开始由部落公民大会转移到全体公民参加的公民大会。克里斯提尼改革后，将军由部落选举产生，每个部落一名将军，共十名，任期一年。随着雅典军事事务的增多，将军的权力也不断上升，至公元前 5 世纪后期，他们不仅统辖陆军、海军，而且负责与外国谈判交涉，控制雅典城的年总收入与支出。作为一种新设置的官职，最初的将军一般都是一些平凡无奇的人物。我们对公元前 490 年以前的雅典将军几乎一无所知。希波战争以前雅典那些杰出的政治家，如泰米斯托克利、米太亚德等，大多是先出任执政官，然后才出任将军的。后来将军的选举是否发生了变化我们并没有确切的证据和材料，很多学者认为雅典有首席将军，是雅

---

① Plut. *Phoc.* 8.
② 亚里士多德：《雅典政制》，44. 4。
③ 亚里士多德：《雅典政制》，22. 3。

典真正的最高领导，但是晏绍祥经过详细考证认为，雅典并不存在首席将军一职。①

为了保持部落平衡，也保持平等，雅典将军一职一直是每个部落一名，但是，我们也看到在十将军中，有时候有两名出自同一部落的情况。学者们对此做了各种设想，但是我们无论如何设想都不能改变将军由公民大会直接选举这一事实。而且将军虽然位高权重，但是，他仍然要对公民大会负责，接受公民大会的监督，即使像伯里克利这样在雅典有影响的实权人物，也不得不接受公民大会的监督和惩罚。

三、财政管理等其他行政官员

除了上述军事官员外，公民大会还举手选出一个帕拉吕斯的财务官，后来又选举阿蒙船的财务官。它们是专门为了庆祝宗教假日而用的国有三列桨船。公民大会可以派遣这些船去执行任务，并且给其制定预算。②

船只营造建筑师也要由公民大会来选举产生。③ 德摩斯梯尼也不止一次提及，公民大会还要选举一些官员来负责监察城墙的修缮工作。④ 亚里士多德还提及公民大会曾将选举一个官员，任命他为运送青年的三十桨船的一个游行队长，在狄俄尼索斯节日的时候举行节日游行。⑤

公民大会还选举军事基金司库官、戏剧基金管理官和水井监督官，他们由公民大会举手选举产生，任期四年，负责基金的管理。⑥

公民大会还负责抽签选举十个祭祀官吏。

> 公民大会又以抽签选举十个祭祀官吏，称为赎罪监，他们奉献神谕规定的祭祀，并和占卜者合作，在需要征兆时，等候着吉兆。公民大会还以抽签选举其他十人，称为常年祭祀，他们进行某种祭祀，并管理所有的四周年节，唯泛雅典娜节除外。⑦

---

① 晏绍祥：《雅典首席将军考辩》，《历史研究》2002 年第二期。
② Demo. 21. 173.
③ 亚里士多德：《雅典政制》，46.1。
④ Aeschin. 3. 27.
⑤ 亚里士多德：《雅典政制》，56.4。
⑥ 亚里士多德：《雅典政制》，43.1。
⑦ 亚里士多德：《雅典政制》，54.6—7。

公民大会又抽签选举一个萨拉米斯执政官和一个比雷埃夫斯的市长，他们在这两地主持狄奥尼修斯节并指定合唱队队长。①

在雅典公民大会选举官员的过程中也存在腐败行为。拉帮结派、游说选票等现象不独现代选举中有，雅典公民大会的选举中也经常出现。德摩斯梯尼谴责一个叫梅地亚斯的公民想自己当选为狄俄尼索斯节日的监督，暗示在某些官员的选举中是存在竞争的。

> 现在，梅地亚斯反对免除合唱队队长的兵役，而要求直接选举他为狄俄尼索斯节日的监督。并且他还曾要求选举他担任一些其它相似的职务。②

亚里士多德在《雅典政制》中记载，公民大会还要负责选举一个书记，专门负责在公民大会和议事会中宣读文书。

> 公民大会并以举手选举一个书记，专在公民大会和议事会中宣读文书；他除了作为一个宣读员之外，没有别的职务。③

德摩斯梯尼提到雅典的一条法律规定，任何公民大会选举的行政官员都不能担任同一职务两次。④ 但是他也提及梅地亚斯曾经担任过几个不同的职务，如帕拉卢斯官员、骑兵指挥官、宗教仪式的监督官、献祭官、祭品购买官等。所以，对于公民来说，并没有限制他担任不同官职。⑤

可见雅典公民大会在选举政府官员方面占有绝对的权威。不仅如此，公民大会对其所选举的官员还有监督的职能，官员必须定期向公民大会述职，不合格的官员会被公民大会撤销职务，甚至处以罚款、监禁等严厉的惩罚。像执政官就需要从公民大会获得 10 次信任投票才能完成他一年的任期，任何一个公民都可以控告其不法行为，其为官时如果发现有过失，则会判处重罚，甚至死刑。⑥

---

① 亚里士多德:《雅典政制》, 54.8。
② Demo. 21. 15.
③ 亚里士多德:《雅典政制》, 54.5。
④ Demo. 20. 152.
⑤ Demo. 21. 171.
⑥ 杜平:《古希腊政体与官制史》, 湖南师范大学出版社 2001 年版, 第 112 页。

　　雅典的实权人物将军也不例外，如十将军在每一届主席团期中都要举行一次信任投票，看他们是否称职，他们中的任何一个如果被投票反对的话，他就要到陪审法庭受审，如果有罪，他就要接受刑罚或罚金。如果无罪，他即可以复职。[①] 这样将军在一年当中也和执政官一样要接受 10 次任职考核。

　　公民大会通过对行政官员的选举和任职期间的控制，使所有官员都能尽心尽力为民主城邦服务，既保证了公民大会代表全体雅典公民的权威地位，也使城邦能够顺利运转，使雅典在当时成为强盛的城邦。

第二节　陶片放逐法

　　陶片放逐法是完全由公民大会执行的一个非常有特色的法令，是雅典民主制度中一项比较引人注目的法令。雅典政坛上的许多领袖人物都遭到过放逐，如阿里斯提德、泰米斯托克利和客蒙等，甚至像伯里克利这样的著名人物也面临过被放逐的危险。郭小凌先生认为，陶片放逐法是完全由公民大会控制和执行的，其打击对象为威胁现行体制的政治家，这就把贵族议事会和高级行政官员置于公民大会的完全控制之下，这样以平民为主，包括贵族在内的人民主权已成定局。[②]

　　国外史学界对陶片放逐法进行了大量研究。[③] 国内学者也对这一问题给予了一定程度的关注。[④]

　　陶片放逐法原来是为了防止僭主复辟而制定的。因为在克里斯提尼改革前后，僭主势力一直十分强大，所以新生的政体面临僭主政治复辟的危险，克里斯提尼通过制定陶片放逐法，使公民大会掌握了一定的权力，他们被授予放逐那些他们不喜欢的、有建立僭主政治可能的贵族的权力。[⑤] 所以说，陶

---

①　亚里士多德：《雅典政制》，61.2。

②　施治生、郭方主编：《古代民主与共和制度》，第 180 页。

③　C. B. Robinson, "Cleisthenes and ostracism", *American Journal of Archaeology*, Vol. 56 (1952), 23 - 26.

④　刘文泰：《论贝壳放逐法》，《南都学坛》2001 年第二期；蔡连增：《论陶片放逐法的内容和起源》，《东北师范大学学报》1994 年第二期。

⑤　B. M. Lavelle, "A Note on the First Three Victims of Ostracism", *Classical Philology*, Vol. 83 (1988), 131 - 135.

片放逐法是为保卫民主政治而设的，它给了雅典人一件有力武器，利用它足以制服任何声望和权势太大的特殊人物。

陶片放逐法由公民大会组织实施，实施的整个过程自始至终都由公民大会控制。为此克里斯提尼为其设计了一套复杂、严密的程序：在每年6月，首先五百人议事会要向公民大会提出预备议案，然后由公民大会决定该年是否实行陶片放逐法。

> 在第六届主席团任期内，他们又进行一次投票来决定是否要实行陶片放逐法。①

公民大会对此举手表决，如果大多数人表示赞成实行放逐法，即定下开会日期（通常在八月的某一天），地点在阿哥拉，以决定具体的流放对象。成年男性公民都可以参加，投票者在陶片上写上他所希望放逐的公民的名字。但会议的召开并不意味着一定有人被放逐，因为雅典规定会议须达到六千人的法定人数。如果人数不够，放逐法就无法实施，当年也不再进行放逐。② 而且从决定召开到具体实施期间有一段间隔，公民可以详细考虑是否该驱逐某人。

开会那天，阿哥拉中央用木板围出一个圆形场地，并留出十个入口，与雅典的十个部落相对应，以便同一部落的公民从同一入口进场，这样既能保证投票过程的井然有序，又能防止某些人重复投票。投票者在选票——陶罐碎片较为平坦处，刻上他认为应该被放逐者的名字，然后将写好的选票正面朝下，放入本部落的投票箱。整个投票过程由专人监督，投票完毕，执政官清点票数。如果选票总数未达到六千，这次投票宣告无效，放逐亦不能实行；如果超过六千，再按票上的名字将票分类，得票最多的人就是当年放逐的人选，而不必超过半数，放逐期限为十年。放逐者无权为自己辩护，须在十天内处理好自己的事务，然后离开城邦。③ 放逐期间，其公民权和财产权保留，回到城邦后自动恢复。比较而言，这项制度对放逐的人来说是相当温和的。另外，如果城邦需要，他们还可能提前被召回。阿里斯泰德、客蒙都因希波

---

① 亚里士多德：《雅典政制》，43.5。
② G. R. Stanton, *Athenian Politics C. 800 – 500 B. C.*, p. 175.
③ 刘文泰：《论贝壳放逐法》，《南都学坛》2001 年第二期。

战争的需要在放逐期未满就回到城邦，重新担任将军，可见公民并未因他们曾遭放逐而抹杀他们的个人才能以及他们为城邦作出的贡献。①

陶片放逐法在实行过程中，确实对打击僭主政治的复辟起到了积极的作用，但是在其后的发展中，则逐渐偏离了制定这一制度的初衷，开始成为上层进行政治斗争的工具。陶片放逐法作为解决党派斗争的手段，却又是最温和、最无害、最富人情味的。在没有陶片放逐法的地方，无论是陶片放逐法制订前或废除后的雅典或是其它国家，党派斗争常常导致杀戮、流血冲突甚至内战，而陶片放逐法只是通过放逐一派的政治领袖就把问题解决了。雅典在公元前 5 世纪能够保持国内政策的一贯性与放逐法放逐一派政治领袖、使国内能够保持政策上的一致性也是分不开的。在公元前 417 年以前，陶片放逐法从来没有受到某一党派的操纵，成为打击对手的工具。每一次陶片放逐都充分反映了大多数雅典公民的意志，它完全掌握在大多数雅典公民的手里。

公元前 417 年，伯罗奔尼撒战争已进行了 14 年，双方都打得精疲力竭。在雅典内部，尼西阿斯主和，亚西比德主战，双方斗争十分激烈。他们都准备启动陶片放逐法一决高下。这时有一个所谓的"平民英雄"许佩玻洛斯跳了出来，在群众中煽风点火，挑动群众反对他们两个。尼西阿斯和亚西比德觉察到这个人的阴谋，于是进行了协商，使两派联合起来。结果不是他们两个中的一个，而是许佩玻洛斯被放逐。这是雅典历史上党派联合、操纵陶片放逐法的唯一例子。虽然以后雅典没有正式废除陶片放逐法，但是雅典人已经不再使用它了。

第三节　通过法令及司法职能

公民大会通过的法令一般都是举手表决，公元前 5 世纪的时候，这些法令具有和法律一样的效力。但是到了公元前 4 世纪的时候，公民大会通过的法令已经不再具备法律的效力了。因为法律比法令更加持久、更加通用，因此也更加难以通过。例如，授予某人公民权的法律就要求至少 6000 人参加投

---

① 崔丽娜：《陶片放逐法刍议》，《江西社会科学》2003 年第 12 期。

票，而公民大会通过的一般法令则没有人数上的要求。埃斯奇奈斯认为法律好，而公民大会通过的法令则不如法律。

亚里士多德在理论上对法律和法令作了区分。

政事的裁决不是决定于法律而是决定于群众，在这种政体中，依公众决议所宣布的命令就可以代替法律。城邦政治上发生这种情况都是民众煽动家造成的。①

德摩斯梯尼引证雅典统治的原则时说：不管是议事会还是公民大会通过的法令都不具有法律一样的权威。②

而且法律可以决定公民大会是否通过某些法令，例如法律允许公民大会通过授予某公民荣誉的法令就有一定的限定条件。

关于这一事务，据说有两条法律：一条是我现在所说的，禁止在公民大会以外的场所授予公民花冠。但是也有另外一条法令规定，可以在剧院授予公民花冠，据说这是根据泰西封（Ctesiphon）的动议所通过的法令。③

陪审法庭也可以根据法律而不承认公民大会的法令。

例如，某条法令可能在法庭上并没有受到指控，但是事实上它已经不再继续使用了。当然它可以继续实施。尽管它违背了法律。或者假使某条法令被控告并被宣布为违反法律，这样检举人可能就因此在案件中失败。是否陪审员在这里给了尽职的判决呢？我认为他们已经尽职了。因为他们已经发誓要给他们认为最公正的判决。因为在实际中，他们是依据演说者的演说而做出自己的判决，这实际上也就尽了他们所发誓的力求公正的判决。④

公民大会负责法律的制定，但是它没有权力直接通过法律或者宣布法律无效。在每年第一届主席团的第 11 天都要召开公民大会，大会的一个主要议

---

① 亚里士多德：《政治学》，1292a. 4）—7。
② Demo. 23. 87.
③ Aeschin. 3. 36.
④ Demo. 23. 96.

题就是关于批准法律问题。大会首先投票决定是否对现有法律进行修改，如果同意修改现行法律，那么这届主席团主持召开的最后一次公民大会就必须要讨论那些需要修改的法律。如果在第四次公民大会讨论中，公民大会投票决定修改法律，那么在这次公民大会上还会成立一个立法委员会（Nomothe-tae）以负责制定法律。公民大会本身并不能立法或者废除某些法律。只有这个立法委员会才有权决定废止哪些法律，但是任何公民只要能拿出更好的法律来代替现存法律，也可以提出来，废止某项法律，并以新法来代替。① 德摩斯梯尼就曾经被控提出了一项不正确的关于如何维护战船的法律修正案。

　　Bodromion 月的 16 日，在波利克勒斯（Polycles）担任执政官，Hipp-othontis 部落担任当届议事会主席团的时候。德摩斯梯尼提出了一个议案，修正了以前关于维护战船的法令。这条法令在议事会和公民大会获得了通过，取代了以前的法令。然而，Patrocles 控告德摩斯梯尼违反了宪法，但是他的控告没有得到多数支持，所以被罚款 500 德拉克玛。②

　　任何想要立法委员会废除一项法律或者制定一项新法律的人，都必须把自己的提议写在纪名英雄墙前，以使所有公民都可以看见。公民大会根据所提立案的数量分配给立法委员会一定的时间去做这项工作。③ 无论何时，公民提出要废止某项法律后，公民大会都会任命五名公民去立法委员会，他们代表现存法律的支持者，对法律是否废止与立法委员会进行辩论。④ 立法委员会除了考虑按照公民的建议是否制定新的法律和现存法律是否进行修改之外，每年还要对现存法律进行全面的检查，看法律中是否有自相矛盾的地方。⑤ 如果立法委员会发现任何有相互矛盾的法律，主席团都要召开公民大会来讨论如何解决这些互相矛盾的法律。⑥ 德摩斯梯尼赞扬这种立法是公开和民主的，而且有助于普通公民明了城邦的法律。"由于一个法律只涉及一个领域，所以普通公民就不会被迷惑，也可以在同那些熟知所有法律的公民打官司时，使

---

①　Demo. 24. 23.

②　Demo. 18. 105.

③　Demo. 24. 33.

④　Demo. 24. 23.

⑤　Aeschin. 3. 38.

⑥　Aeschin. 3. 39.

自己不处于劣势，而且在所有人面前都一样，法律是简单清晰的，所有公民都能读懂和理解。"① 此外，任何被立法委员会所提议的新法律也必须在纪名英雄墙前公布，并且要在下一次公民大会上进行宣读。②

因为陪审法庭的存在，所以公民大会的司法职能一般很少为学者们所注意。实际上，有学者认为梭伦改革中所谓的民主法庭就是由公民大会作为审判机构。从公元前 5 世纪起，公民大会开始经常受理涉及重要人物或高级公职人员的案件以及司法执政官提出的公诉。以陶片放逐法为例，它的操作权完全归属公民大会，与公民法庭无关。此外，对于泰米斯托克利、阿里斯提德和伯里克利的审判都是在公民大会，而不是在陪审法庭上进行的。公元前406 年，雅典历史上著名的对阿吉纽斯海战中 6 位将军的审判也是在公民大会，而不是在法庭上。公民大会在很长时期里一直掌握着大部分的司法职能。当然它的司法职能在雅典政治制度的不断发展过程中是逐步削弱的，但我们仍不能因此而忽略它。因为至少到了公元前 4 世纪中叶，公民大会的司法职能才完全被转移给陪审法庭。

第四节　外交职能

作为雅典城邦的最高权力机构，公民大会在决定国家政策的外交事务中也扮演着非常重要的角色。这一职能主要表现在以下几个方面。

一、派遣驻外使节

公民大会负责雅典公共事务的全面管理，这其中就包括向其它城邦派遣大使以调整城邦之间的关系。亚里士多德在《雅典政制》中提到：在每届主席团召开的后两次公民大会上，公民大会都要处理一些其它事务。这些事务就包括外交事务，尤其是任命和向其它城邦派遣使节。

另外两次会议讨论一切其它事件，在这些会议里，法律规定，讨论

---

① Demo. 20. 93.
② Demo. 20. 94.

宗教问题三事，讨论接见使者和大使问题三事，还有世俗事件三事。有时候他们并不举行先期投票而办起事来。第一个接见使者和大使的是主席团，公文由使者向主席团递交。①

许多古典文献中都提到了公民大会投票选举使节的情况。

埃斯奇奈斯曾提到，菲洛克拉特斯（Philocrates）在公民大会上提出了一个动议，建议公民大会应该选派 10 名使节出使马其顿，目的是为了邀请菲利普国王能派遣他的使节来雅典。

> 菲洛克拉特斯提出了一个动议，要求公民大会选出 10 名使节前往马其顿，以邀请菲利普国王能够派出自己的使节来雅典进行和平谈判。②

当时马其顿的兴起已经让雅典感受到了压力，为了应对日益变化的外部形势，外交使节的任务就显得更加重要了。而菲利普国王统治的马其顿几乎成为雅典对外政策考虑的核心问题，因为处理不好就有战争甚至灭亡的危险。

德摩斯梯尼也曾经提到公民大会派遣使节去同马其顿国王菲利普进行和平谈判。

> Hecatombaeon 月的 30 日，在美尼斯菲鲁斯（Mnesiphilus）担任执政官，Pandionis 部落担任议事会主席团的时候。德摩斯梯尼提出建议，既然菲利普已经派出使节同意签订和平协议，议事会和公民大会也已经批准接受了这一和平协定。那么我们就应该从全体公民中选举出 5 名使节，然后让他们马上去菲利普那里，确定他是否真的遵守他和雅典之间签订的和平协议。③

其中一个去马其顿的使节要谈判关于菲利普拦截雅典谷物商船的事情，另外一个使节要劝诱菲利普进攻波斯，而此后又派遣使节出使波斯，劝诱波斯进攻马其顿。

> Boedromion 月的 30 号，在尼奥克列斯（Neocles）担任执政官的时候，在议事会的批准下，议事会主席和将军把这一提议交给公民大会讨

---

① 亚里士多德：《雅典政制》，43.6。
② Aeschin. 3.63.
③ Demo. 18.29；19.13.

论。公民大会决定选举大使同菲利普进行关于返还雅典商船事宜，大使完全按照公民大会的指令行事。①

有时候其它城邦的公民也会到公民大会来祈求公民大会能够帮助他。埃斯奇奈斯就记载，拉姆努斯（Rhamnus）的弗吕农（Phrynon）并不是雅典人，但是当他被海盗绑架被迫交纳赎金而释放后，他祈求雅典公民大会能够派遣使节去马其顿，请求菲利普国王帮助他向海盗要回赎金。②

除了执行外交使命外，有时候使节也执行一些特殊的宗教职能。埃斯奇奈斯提到，公民大会曾经通过一条法令要求他们到德尔菲处理一些宗教事务。③

公民大会可以任命一些公民为外交使节，这些使节大部分是直接选举产生的。但是，这些选举产生的公民也可以通过发誓等办法免除自己的这一使命。德摩斯梯尼就曾经为拒绝担任使节而发誓，使自己免除了担任外交使节之一职务。④ 埃斯奇奈斯也说，被公民大会选举的使节可以在公民大会，而不是在议事会上发誓以免除自己的职务。⑤

外交使节选出来之后，公民大会同时还要为这些外交使节派专门的战船护送这些使节到达目的地。

> 当我率领三列桨战船巡航在伯罗奔尼撒半岛时，公民大会要求我护送他们选出的使者出访西西里，我被迫紧急出海航行。为了不耽误使者的行程，我写信给尼科斯特拉图斯（Nicostratus），告诉他我不可能按时返回国内，所以请他在国内去寻找其它战船来护送使者。⑥

同时在出发前，公民大会会给外交使节指令，指导他们如何调整这些事务。

> 他已经从公民大会那里得到了关于如何去说去做的十分清晰的指令。

---

① Demo. 18. 75.
② Aeschin. 2. 13.
③ Aeschin. 3. 127.
④ Demo. 19. 122.
⑤ Aeschin. 2. 95.
⑥ Demo. 53. 5.

按照公民大会的指令办事是他的职责。①

雅典人认为他们的外交使节是神圣不可侵犯的。所以，当麦加拉抓获雅典外交使节之后，雅典公民大会投票拒绝接纳所有麦加拉人到雅典去参加厄琉息斯神秘祭祀。②

外交使节在完成他的使命，回来后必须首先向公民大会进行汇报。③

但是也有例外，德摩斯梯尼就曾经控告一位外交使节，因为他只对议事会进行了汇报，而没有及时地向公民大会进行汇报。

> 当公民大会召开后，我们不得不向全体公民陈述，我们当中埃斯奇奈斯首先发言。在这里我诚挚地希望你们能够信任我，因为我现在所叙述的事情可能最终会使你们的一切最终完全毁灭。埃斯奇奈斯完全忽略他作为一个使者的职责，他没有提及他在议事会的演说，或者告诉你他对我所陈述的事实的争论。但是，他在公民大会上的演说，完全是一个空的允诺，他将使你们误入歧途。④

外交使节的汇报是非常重要的，它是公民大会决定如何处理外交关系的关键。埃斯奇奈斯曾经提到，公民大会为了尽可能快地听到使节的汇报，甚至在一个宗教节日也召开，而公民大会一般是不能在宗教节日召开的。

> 议事会主席团在 Elaphebolion 月的第八天召开了公民大会，那天是祭祀阿斯克莱皮乌斯（Asclepius）的神圣的日子，以前从来没有在那一天召开过公民大会。⑤

公民大会在没有听取外交使节的汇报之前不能做出任何外交政策的决定。

---

① Demo. 19. 6.

② 厄琉息斯神秘祭祀中，农业女神德米特尔和她的女儿珀塞丰是主要的祭祀对象。仪式的内容主要是表演两位女神的故事。传说珀塞丰被冥神哈得斯所掠，德米特尔疯狂地寻找女儿。由于未能寻到女儿，她怒使土地不生五谷。天神因为人们不再有牺牲供奉而不安，命令哈得斯把珀塞丰送回阳世。于是，两位女神又使人间五谷丰登。朝拜者们在祭司的主持下，不仅要经历失去和寻找的痛苦，以及冥间的阴暗和愁苦，还要经历光明世界，在那里能够看到丰收的景象和许多珍藏的圣物，人们由此感到灵魂与神合而为一。整个神秘祭祀的主题就是灵魂永生，由于有许多戏剧化的场景，所以显得真实。这也是厄琉息斯祭祀在希腊长盛不衰的原因。

③ Aeschin. 3. 125　2. 47.

④ Demo. 19. 19.

⑤ Aeschin. 3. 67.

埃斯奇奈斯记载，有一次，当涉及城邦外交事务的时候，公民大会在没有听到外交使节的汇报之前，陷于停顿，直到使节回来汇报后才做出最后的决定。

> 当雅典公民考虑关于与菲利普的和平问题时，他们派出的外交使节还没有回来。当使节回来之后，他们马上召开了连续两次公民大会考虑和平问题。①

外交使节回来向公民大会汇报后，如果公民大会对他们的汇报感觉满意，公民大会可以为使节提供免费的午餐以表示对他们的奖赏。

> 如果我们认为外交使节应该得到荣誉的话，为了感谢他所做的一切，可以让他明天在议事会餐厅免费享受午餐。②

但是，不是所有的外交使节都能享受这份荣耀的。例如，埃庇克拉特斯（Epicrates）就被谴责并最终处死，因为他没有完成公民大会授予他的外交任务。③

在阿里斯多芬的戏剧《阿卡奈人》里有一幕，其中一个角色抱怨被派往波斯的外交使节，实际上是浪费国家的财富而没有取得任何对国家有益的结果。④

公民大会通过外交使节，了解外部情况，然后作出自己的判断，以制定城邦的外交政策，表明公民大会在雅典外交事务中是居于主导地位的。

二、接见外交使节

正像公民大会可以派遣使节一样，公民大会在派出使节的同时，也接受来自其它城邦的使节。当其它城邦的外交使节到达雅典，他们首先出现在雅典的公民大会上。

埃斯奇奈斯提到公民大会曾通过一个法令，同意接见凯索布莱泰斯（Cersobleptes）派出的使节。

---

① Aeschin. 2. 60.
② Aeschin. 2. 53.
③ Demo. 19. 276.
④ Ar. Ach. 60.

在公民大会上，克利托布鲁斯（Critobulus）提出，凯索布莱泰斯（Cersobleptes）已经派遣他作为大使，因此他自己能给菲利普的使者一个保证，凯索布莱泰斯将成为他们联盟中的一员。在他发言的时候，来自Pelex 德莫的 Aleximachus 给了会议主持者一个建议，如果克利托布鲁斯能给菲利普的使者一个保证的话，那么就允许凯索布莱泰斯加入联盟。①

公民大会还通过法令，保证外交使节在雅典的安全。例如公民大会就曾经通过法令保证菲利普派遣的使节能够在雅典安全。②

外国使节同雅典交涉事务的时候，他们必须出现在公民大会上，并且就相关事务接受公民的询问。

最后，他要求安提帕特到演讲台去回答他们的疑问。安提帕特已经被告知将面对询问，也已经知道如何回答才不会伤害城邦的利益。③

而公民大会也可以给外国使节以特别的荣誉，允许他们在城市的公共食堂吃免费的晚餐，或者在狄奥尼所斯剧院为外交使节提供观看戏剧的座位。

当我起草议事会的临时决议的时候，这些大使们又开始在公民大会争论关于和平的问题，我依据先例，起草的决议中包括了对这些使者的感谢并邀请他们去公共食堂吃免费的晚餐。④

三、公民大会制定外交政策

公民大会直接负责雅典的大部分外交事务，包括制定和其它城邦的联盟与军事策略等。公民大会通过派遣和接受外国使节，实际上就是在管理雅典的外交政策。例如在德摩斯梯尼的动议下，雅典公民大会派出五名外交使节去马其顿，同菲利普国王就和平条约进行谈判。⑤但是，公民大会外交上的权力不仅仅体现在派遣外交使节上，它的权力远远超出了这一范围。当外交使节回来汇报后，公民大会必须就如何应对当前的外交形势做出决定，以决定

---

① Aeschin. 2. 83.
② Demo. 7. 19；19. 111.
③ Aeschin. 3. 72.
④ Demo. 19. 234.
⑤ Demo. 18. 29.

城邦选择何种方式才能最大限度地保护城邦的利益。我们知道雅典有一次连续两天召开公民大会。在第一次，公民大会讨论是否同马其顿菲利普国王签订一个正式的和平条约，而在第二次公民大会上，则讨论是否和菲利普进行联盟的问题。

> 在使节回来之后，议事会主席团马上连续召开了两次公民大会，一次是讨论和平问题，另外一次是谈论联盟问题。①

外交努力的结果是，公民大会投票通过决定和菲利普签订一个正式的和平条约。②

我们还有其它方面公民大会管理外交事务方面的例子。例如，当本都国王（King of Pontus）阿里奥巴扎尼斯（Ariobarzanes）反抗波斯国王而发动反叛的时候，雅典公民大会投票决定派遣提摩泰马斯（Timotheus）去帮助阿里奥巴扎尼斯。③

雅典公民大会还投票拒绝接纳所有麦加拉人到雅典去参加宗教仪式，因为他们违反规定拘留了雅典驻外使节。

> 当麦加拉人拘留了雅典使节 Anthemocritus 后，雅典公民大会马上决定拒绝接纳所有麦加拉人到雅典去参加宗教仪式，并且在城门建立了一个雕像以让人们记起麦加拉人的这次暴行。④

公民大会还接受了来自特萨利的请求，他们询问是否允许马其顿的菲利普参加近邻同盟议事会，这个议事会包括很多城邦的代表，管理着希腊著名的圣地德尔菲的阿波罗神殿。

> 当特萨利的使者和菲利普的使者一起来到公民大会，问是否可以允许菲利普加入到近邻同盟的时候。谁第一个站起来反对他们的建议的呢？是埃斯奇奈斯。因为菲利普的行为违背了埃斯奇奈斯以前的说法。⑤

---

① Aeschin. 2. 53.
② Demo. 19. 14；Aeschin. 2. 82；Aeschin. 2. 109.
③ Demo. 15. 9.
④ Demo. 12. 4.
⑤ Demo. 19. 111.

公民大会管理外交事务也有它自己的缺点，最主要的就是，由于公民大会在普尼克斯召开，所以几乎没有什么秘密可言。所以当公民大会投票决定同马其顿的菲利普签订和平条约的时候，当时正在同菲利普交战的佛基思人很快就知道了这一消息，根据德摩斯梯尼的记载，当时佛基思人无意中偷听了公民大会的决议。

　　　　佛基思人很快就从公民大会知道了这一消息，因为一些佛基思人根本就不相信菲利普。虽然他们已经被菲利普欺骗了很多次，但是他们认为菲利普是不敢欺骗雅典人的，所以他们马上就知道雅典真的和菲利普签订了和平条约。①

泰米斯托克利为了城邦的利益，也希望公民大会能够不让他说出自己的真实想法，因为那样的话，斯巴达就会知道雅典的意图。但是，公民大会不相信他，害怕他为自己个人利益而想成为僭主，但是后来泰米斯托克利要求公民大会选举出两个他们最信任的人听取他的想法。公民大会选举出阿里斯泰德和桑西普斯（Xanthippus），因为他们是泰米斯托克利的政敌，他们之间是相互竞争的。泰米斯托克利说出自己的想法后，阿里斯泰德和桑西普斯都认为这是对城邦有利的一个好政策，但是公民大会仍然不放心，最后他们要求泰米斯托克利能够把想法和议事会说清楚，如果议事会能够同意他的想法，公民大会就不再去探听这一政策，以防止泄露秘密了。最后在议事会同意泰米斯托克利的想法后，公民大会才同意了泰米斯托克利的想法，同意他按照他认为对城邦最有利的方式去做。②

在这次公民大会上，泰米斯托克利的建议需要保守秘密才能够有效地实行。但是，公民大会并不信任他，而是最终经过议事会同意之后才允许他按他所想去做。可见在公民大会上，在一个集体领导的政体下，要想保持政策的秘密是很难的。

雅典城邦的外交事务并不是为公民大会所独占，五百人议事会也具有管理外交事务的职能，所以，公民大会和五百人议事会在外交事务上也需要分工合作，只有这样才能调节好城邦的外交事务，但是，在外交事务上，五百

①　Demo. 19. 53.

②　Diod. 11. 42. 1 – 6.

人议事会并不是高于公民大会，外交事务的最后决定权力仍然在公民大会。公民大会的决定才是城邦的最后决定。

第五节　财政职能

公民大会也决定雅典城邦的财政事务。例如发放失业救济金就是公民大会的主要议题之一。德摩斯梯尼曾经抱怨说"我们听任公民大会去讨论救济金问题"，表明救济金问题可能是公民大会上经常讨论的一个问题。

　　我的意见是我们既然可以让公民大会去讨论救济金问题，为什么不可以让它去讨论如何去组织和为战争做准备呢？雅典公民，我们每一个人不应该仅仅去听，我们也要去准备发言，雅典成功的希望在于你们，我们不应该仅仅去问你所做的服务能获得什么。[1]

公民大会还投票决定如何花费剩余资金。国家财产是在全体公民中进行分配，还是把它们交给少数人，让他们用这些财产为国家服务。

　　当公民大会讨论这些资金如何使用的时候，我认为并没有什么困难的，公民们，我们只有两种选择：我认为把这些资金分配给公民可能对城邦是有害的，或者我把资金分发给那些需要救济的人是会使他们满足的。但是我们都没有从国家的角度考虑。[2]

在议事会通过预备立案后，公民大会不得不做出决定，是把这些剩余资金用在军事上还是用在公共节日上。[3] 实际上是把剩余财产用于防御还是公共节日的争论经常在公民大会上出现。

例如，据普鲁塔克的泰米斯托克利传记载：

　　当雅典人按照惯例要把来自劳里昂地方银矿的收入拿来分掉的时候，他，也只有他，敢于来到这些人的面前，提出不要把钱分掉而要来建造

---

① Demo. 13. 3.
② Demo. 13. 1.
③ Demo. 59. 4.

战船，用于抗击埃吉那岛的战争。……结果用这些钱他们造了一百艘战船，果然，他们用这些战船在萨拉米斯抗击了薛西斯。①

公民大会还决定雅典的军事预算，当梅地亚斯（Meidias）被公民大会派遣出外执行军事任务的时候，公民大会同时还为他提供了 12 塔兰特的预算。②

公民大会同时也是谴责滥用资金的一个论坛，公民大会会专门组成机构来负责调查那些滥用资金的人。德摩斯梯尼提到雅典公民大会通过了一个法令，对任何在个人公民手中的公共资金进行调查，以杜绝对公共资金的滥用。调查的结果会上报给议事会，议事会会作为预备立案提交给公民大会以决定是否对某些公共资金滥用情况继续调查下去。③

一个来自 Acherdous 德莫的公民潘菲洛斯（Pamphilus）在公民大会上公开指责 Hegesandrug 和提玛尔库斯，控告他们从帕特农神庙窃取了 1000 塔兰特白银。

> 在提玛尔库斯担任议事会成员，而 Hegesandrus 担任帕特农神庙财务官的时候，他们一起偷走了神庙的属于城邦所有的 1000 塔兰特白银。④

德摩斯梯尼记载一个案件，某公民被控欺骗财务官，案件先后被送到了议事会、公民大会和两个不同的陪审团进行审理。⑤

可见公民大会在处理城邦的财政问题上，拥有很高的权力。

第六节　宗教职能

每届主席团主持召开的第二次公民大会的第一个议题都是讨论有关宗教事务。但是我们对公民大会讨论宗教事务知道最多的还是公元前 415 年，西西里远征前发生在雅典的赫耳墨斯神像破坏案，以及由此牵连出来的厄琉息

---

① 普鲁塔克：《希腊罗马名人传》（上册），第 238—239 页。
② Demo. 21. 173.
③ Demo. 24. 21.
④ Aeschin. 1. 110.
⑤ Demo. 24. 9.

斯神秘祭祀渎神案。

关于这次渎神案的详细情况，韩益民曾做出详细考证，他认为在雅典，存在贵族为主的会社组织，他们是这次渎神案的主角。①

安德罗克利巧妙地利用了神像破坏案。他先后指使皮山大和其他民主党人组成调查委员会，并制定出奖励告密和把其它渎神案与神像破坏案联系在一起的政策。他们明知毁坏雕像的人不是亚西比德，但无疑知道他参与了神秘祭祀渎神案，故此设计了这样一条路径，引诱公众入彀。他们又利用那些看似不是亚西比德的敌人的人，反对立即审判亚西比德，要求他先率军远征，并由此掌握了控制公民大会的主动权。通过利用民众对推翻民主政治阴谋的恐慌，他们在调查中使用了许多在正常时期雅典不可能用的手段，制造了笼罩全城的恐怖气氛。② 不但迫使亚西比德逃亡，除掉了他们的眼中钉，而且借机打击了许多贵族，保持了他们对公民大会和雅典政局的控制权。根据雅典对亚西比德的缺席审判书，由于雅典著名的贵族政治家和将军客蒙的儿子是公诉人，很可能最后是贵族寡头派与极端民主派共同使他退出了雅典的政治舞台。从寡头派这方面考虑，是为了阻止远征的进行；从激进民主派的角度考虑，是为了赶走亚西比德。两方面虽然动机不同，做法不同，但把亚西比德作为敌人是共同的。他们的联手并非不可能，最近的一个旁证是尼西阿斯与亚西比德联手把一个政敌许佩玻洛斯用陶片放逐法放逐。③

公民大会也处理关于宗教仪式问题并且谴责任何不虔诚的行为，尤其是一些雅典的公共节日，它们既是歌颂雅典城邦神圣的内部事务，也是表示对神尊敬的宗教事务。

在狂欢节之后，公民大会也会在狄奥尼所斯剧院举行一次特别的公民大会。至少这次公民大会的部分目的是为了处理在节日期间的一些公共事务。德摩斯梯尼曾经向公民大会控告梅地亚斯在狂欢节期间所犯下的罪行。④

　　我在公民大会上控告他，不仅仅是因为他在狄奥尼所斯节日上攻击

① 韩益民：《西西里远征前的雅典渎神案》，《华南师范大学学报》2003 年第三期。
② 韩益民：《西西里远征前的雅典渎神案》，《华南师范大学学报》2003 年第三期。
③ 韩益民：《西西里远征前的雅典渎神案》，《华南师范大学学报》2003 年第三期。
④ Galen O. Rowe, "The many facets of Hybris in demosthenes's against Meidias", *The American Journal of Philology*, Vol. 114 (1993), 397 – 406.

我本人，而且在我担任合唱团指挥的节日期间，他还有很多其它针对我的暴力行为。①

埃斯奇奈斯提到在狄俄尼索斯剧院举行的公民大会上通过了对梅地亚斯进行的指责。②

德摩斯梯尼提到公民大会曾经宣布查理克德斯（Chariclides）的父亲有罪。查理克德斯是当时的一个执政官，而他的父亲当时正主持公民大会的召开。查理克德斯的父亲在狄俄尼索斯剧院将一个坐错了位置的公民驱逐出了会场，这是没有错误的。但是他的父亲在驱逐那个公民的时候，动手打了他。据此，公民大会认为查理克德斯的父亲亵渎了节日，而判其有罪。③

另外一个也因为亵渎了节日而受到惩罚的是克勒西克利斯（Clesicles），他因为喝醉酒而在游行队伍中殴打了一个公民。④

德摩斯梯尼曾提到在一次公民大会上，伊维格鲁斯（Evegorus）曾动议过一条法令：在节日期间，任何债权人不得去没收他的债务人的任何财产，如果债权人这样做了的话，债务人可以在节日后的公民大会上对债权人进行控诉。⑤

其它亵渎宗教的案件也经常提交到公民大会上来进行审判。例如：当埃万德鲁斯（Euandrus）控诉墨尼帕斯（Menippus）的案件胜诉后，他在节日期间就把墨尼帕斯抓了起来。所以，公民大会控告埃万德鲁斯亵渎了厄琉息斯节日，他也因亵渎宗教节日而受到了惩罚。⑥

埃斯奇奈斯也叙述说，他曾经在全雅典公民面前控诉德摩斯梯尼，因为德摩斯梯尼不尊敬神。⑦

不但如此，公民大会还对城邦所有宗教事务都负有最终的决定权力。包括建设神庙等，主持宗教节日的委员会也由公民大会抽签选举产生。

---

① Demo. 21. 1.
② Aeschin. 3. 51.
③ Demo. 21. 178.
④ Demo. 21. 180.
⑤ Demo. 12. 10.
⑥ Demo. 21. 175.
⑦ Aeschin. 3. 224.

第七节　军事职能

公民大会也管理雅典城邦的军事事务。这和雅典城邦的征兵制度有关，雅典城邦实行公民兵制度，需要公民为了城邦的稳定和安全而战。而军事事务的决定权也就和参加公民大会的公民立即联系起来，成为每一个公民都关心的事务。军事事务和财政事务经常是不可分的，像马其顿国王菲利普围攻赫莱昂（Heraeum）的时候，雅典公民大会决定派遣一支 40 艘战舰组成的舰队去援助赫莱昂，同时为了这次远征还征收了战争税。①

我们不清楚这些战争税是富有公民个人的捐赠，还是在公民大会上公民自愿的捐赠。② 但是，军事事务的最终决定权掌握在公民大会手中确是毫无疑问的。

在议事会决定把资金用于建造战船之后，公民大会还有权决定建造什么样式的战船。

　　……并依民众会的投票决定建造和装备新的三列桨或四列桨船③

德摩斯梯尼在一个演说中曾向公民大会提议，为了和菲利普作战，公民大会应该征募 2000 人的军队，这其中 500 人应为雅典公民，他们将为国家服务一个时期。

　　我认为应该征募 2000 人入伍，其中 500 人应该是雅典公民，他们将在适合年龄的公民中征募，并且只是服役很短的一个时期，而其余的将是雇佣兵。④

德摩斯梯尼的这一要求表明，公民大会对军事事务的管理已经涉及征募军队，包括征募人数、组成情况等。当出现军事危机的时刻，公民大会负责

① Demo. 3. 4.
② Demo. 21. 161.
③ 亚里士多德：《雅典政制》，46. 1。
④ Demo. 4. 21.

投票动员公民参军出战。公民大会会投票选举出三列桨战船司令官，并帮助他们准备战船。

　　在 Metageitnion 月 24 号，摩隆（Molon）担任执政官的时候，公民大会召开，当时许多不利的消息被传达给公民，公民大会马上选出一些公民作为三列桨战船司令官，并帮助他们准备战船。①

并且公民大会对此有相关的激励机制，准备快的会受到奖励，而准备慢的则会受到相应的惩罚。我们知道公民大会曾经授予第一个准备好战船的司令官花冠，同时把没有按时准备好战船的司令官投入监狱。

　　因为公民大会通过法令规定，在规定期限的最后一天还没有把船准备好的公民会被抓起来，并送到陪审法庭受审。我因为及时地把船准备好，而获得了公民大会奖赏给我的花冠，因为当时其他人都还没有准备好。他们因此可能面临入狱的危险。②

同样，公民大会在任何时候，都可以更换军队的指挥官，例如，当奥图库斯（Autocus）被解除指挥权后，公民大会派遣梅农（Menon）代替他来指挥军队。

　　因为我已经 8 个月没有接受来自将军发给我们的薪金了。所以我和使者一起返回了比雷埃夫斯，因为我的船是最快的。随后，我又接受了公民大会的任务，带梅农去达达尼尔海峡，以接受奥图库斯担任将军职务，因为奥图库斯已经被剥夺了将军职务。③

当公民大会已经越来越自信他们可以直接指挥他们的将军的时候，他们就要求能够更多地对战场进行控制了。所以在公元前 479 年，克桑提波斯尽管有士兵要求撤军的压力，但是在没有公民大会允许的情况下，还是没有迅速从塞斯图斯（Sestus）突围。在伯罗奔尼撒战争时期，尼西阿斯虽然身体不好，而且面临不断的灾祸，但是在没有公民大会允许的情况下，他也一直都

---

① Demo. 50. 4.
② Demo. 51. 4.
③ Demo. 50. 12.

没有撤军。①

第八节　其它职能

亚里士多德在《雅典政制》中说：只要议事会为公民大会提出预备立案，公民大会就可以利用通过法令的形式处理几乎所有这些问题。②

此外，这些司法执政官们还向公民大会提起公诉，并提出一切撤职的决定，公民大会所发出的先期告发，不法程序弹劾，违法法案起诉，以及对主席或总主席的控告，对司令官的账目审查。③

贵族议事会也可以将某些事务提交给公民大会进表决，例如贵族议事会曾向公民大会汇报说，在普尼克斯公民大会开会会场上有公民在那里私自建造房屋。

根据提玛尔库斯的提议，贵族议事会出席了公民大会，并且提出有公民在普尼克斯建造房屋这一问题④

有些事务是在公民大会召开之后才出现的，因此没有必要为此通过法令。例如，执政官可以任命悲剧合唱团的长笛演奏者。

两年前，当潘迪奥尼斯（Pandionis）部落没有任命一个合唱团指挥者的时候，公民大会召开后，法律规定执政官可以直接从合唱团中抽签选举出一个合唱团的长笛演奏者，当时执政官和部落的首领发生了激烈的争执。于是，我自愿提出可以担任合唱团的指挥，在抽签选举中，我幸运成为了合唱团的指挥。⑤

---

① K. H. Kinzl, "Athens: Between Tyranny and Democracy", K. H. Kinzl (ed.): *Greece and the Eastern Mediterranean in Ancient History and Prehistory: Studies Presented to Fritz Schachermeyr on the Occasion of his Eightieth Birthday.* Berlin, New York: Walter de Gruyter, 1977.

② 亚里士多德：《雅典政制》，45.5。

③ 亚里士多德：《雅典政制》，59.1。

④ Aeschin. 1. 81.

⑤ Demo. 21. 13.

　　公民大会也曾通过法令，规定：任何船只都不允许穿行于大陆和萨拉米斯岛之间，违令者将没收他的船只，并且他可能因此而失去生存的依靠。①

　　我们不能因此就认为管理渡船是公民大会中一个经常讨论的议题，因为只有十分必要的时候，公民大会才会去讨论这一问题。公民大会是雅典城邦中唯一的、不受任何其它公共权力机关制约的最高权力机关。②

　　通过对公民大会职能的分析，我们可以看到，公民大会几乎决定了城邦的一切事务，生活中的方方面面几乎都由公民大会管理，从公共事务到个人事务，从公共节日到战争，从调整外交政策到制造战船的类型等，几乎无所不管。而且公民大会所处理的事务都是那些参加者个人知识范围内的事务，很多事情并不是很复杂，并不要求参加者具有很高的判断力和智力等。有学者认为公民大会犯下的最严重的错误就是做出了入侵西西里这一灾难性的决定。但是笔者并不认为远征西西里是一次错误的决定。西西里远征实际上是雅典长期的对外政策的必然选择，雅典实际上有获得胜利的机会。③

---

① Aeschin. 3. 159.
② 亚里士多德：《雅典政制》，41。
③ 周洪祥：《雅典远征西西里正误辨析》，《北方论丛》2005 年第二期。

第六章 公民大会在雅典民主政治中的地位

公民大会如此重要，那么它在雅典民主政治中的政治地位到底如何？斯塔尔称公民大会是雅典民主政治的发动机，认为公民大会是雅典民主制度中最重要的政治机构。汉森也承认公民大会在雅典民主制度中的作用，他认为公民大会在公元前 5 世纪是国家的最高权力机构是毋庸置疑的，但是他认为在公元前 4 世纪的时候，陪审法庭已经取代公民大会成为雅典民主的最高权力机构。国内学者一般都认为公民大会就是国家的最高权力机关，而没有进行深入的分析。笔者所见只有蔡连增先生发表的《论公元前四世纪雅典陪审法庭的政治权利》一文对于公民大会在公元前 4 世纪的政治权利进行了分析①，蔡连增先生支持汉森的观点，认为公元前 4 世纪的时候，陪审法庭已经取代公民大会而成为国家的最高权力机构。笔者并不同意这一看法，鉴于公民大会在雅典民主政治中的重要性，因此对公民大会在雅典民主政治中的地位做一详细的分析也是十分必要的。

雅典民主政制曾被学者称为三权分立，体现了权力与制衡的关系。这三权指的就是公民大会、陪审法庭与五百人议事会。所以，要深入全面了解公民大会的地位，我们就不能不对雅典政体中存在的这几个主要政治机构进行分析，看看它们与公民大会之间的互动关系，由此分析公民大会在雅典民主政治中的地位。而贵族议事会作为民主政治时期存在的一个特殊政治机构，也发挥了自己独特的作用，它与公民大会的关系也值得我们认真分析研究。

在讲到"分权"观点时，众所周知，分权学说的创立始于洛克和孟德斯鸠，并与各派社会力量为夺权而斗争的近代的历史情况有联系。马克思和恩格斯指出：

> 在某一国家里，某个时期王权、贵族和资产阶级争夺统治，因而，

① 蔡连增：《论公元前四世纪雅典陪审法庭的政治权利》，《厦门大学学报》1997 年第一期。

在那里统治是分享的，那里占统治地位的思想就会是分权的学说，人们把分权当作"永恒的规律"来谈论。①

马克思和恩格斯关于分权学说的见解，并不能排除政治学说史上思想的继承性。实际上，古代和中世纪的理论观点都对近代分权学说的形成产生了一定程度的影响。许多学者甚至把亚里士多德和其他古代思想家关于当时存在的各种国家机构的一般论述都看作是分权学说。实际上，古代思想家的政体理论更多的是一种混合政体理论，并没有现代意义上的分权理论。而也正是这种混合政体理论对以后的分权理论产生了影响。可以说，分权理论的灵感就来自于混合政体理论。

柏拉图、亚里士多德、波里比阿和其他理论家的政治法律观点，他们关于国家的组织、任务和职能的见解，关于行政、立法、司法和混合政体的观点等，都对后来的国家和法律的学说产生了极大影响。但是他们的学说是否都含有分权学说思想就值得商榷了。柏拉图本人并没有建立分权理论，他关于理想国的不同阶层的分工结构中，分权的原则恰恰是被否定的。卡尔·波普尔就认为，柏拉图的最好国家是以严格的阶级划分为基础的，它是一个等级制的国度。只要统治阶级是团结一致的，就不可能存在对他们的权威的挑战，于是就不会有阶级斗争了。② 柏拉图认为国家大权应该集中于一个统治阶层手里，也正好证明他的国家理论中并没有分权思想。

实际上，现代学者所说的分权理论倒是在罗马史学家波里比阿的著作中有所体现。波里比阿认为有六种政体形式：君主制、暴君制、贵族制、寡头制、民主制、庶民制，而这些政体是不断循环的。但是，"毫无疑问，最完善的形式应是集上述各种形式的特点于一身的政体。"③ 这里的各种形式指的是君主制、贵族制和民主制。他认为罗马代表着最好的制度，因为罗马拥有分别表现君主制原则、贵族制原则和民主制原则的执政官、元老院和人民的权力，是各种政体优点的混合形式。不可否认的是，混合政体的思想和分权学说之间具有一定的共同性。两者都主张不把国家的统治权力集中于某一中心，而是分配于相互平等和制约的国家各构成部分。因此，他的混合政体思想被

---

① 《马克思恩格斯选集》第 3 卷，人民出版社 2012 年版，第 52—53 页。
② 卡尔·波普尔：《开放社会及其敌人》（第一卷），中国社会科学出版社 1999 年版，第 96 页。
③ Polybius, The Histories, the loeb classical library, 1922, 6.3.7.

广泛用于后世关于国家制度的各种设计方案，又成为近代三权分立学说等一系列重要分权理论的基础。

与亚里士多德注重社会经济和等级划分探索适合于希腊城邦的混合政体结构与原则不同，波里比阿详细分析了混合政体的结构和原则，发展和丰富了混合政体的理论。他首次提出了国家权力机构分权与制衡的原则。尽管它还很不完善，但是经过中世纪的意大利思想家马基雅维利的《李维史论》和近代法国启蒙运动思想家孟德斯鸠的《论法的精神》的继承和发展，终于形成了三权分立的权力制衡政治理论。①

国内有些学者认为，雅典民主政治体现了三权分立。例如，王聚瑞先生就曾说："雅典的民主政体体现了三权分立、主权在民和政治上人人平等的原则，成为古代世界发展最充分、最完备、最典型的民主形式，对后世影响极大。中世纪的市民民主，近代的资产阶级民主，以及现代社会主义国家的无产阶级民主，都是在它的直接或间接影响下，经过发展和演变而确立起来的。雅典的民主政治虽然将妇女、奴隶及外邦人排除在外，但能在全权公民中充分贯彻实行，已弥足珍贵，这是世界上其他民族，尤其是那些专制的国家所无法企及的。"② 对于王先生的观点，笔者并不完全赞同。我们承认雅典民主同古代世界其它地区相比，确实是发展最充分、最完备、最典型的民主形式，但雅典民主是否体现了三权分立原则，现当代民主与雅典民主又存在怎样的联系与区别，却值得我们重新思考。

由于分权学说产生于近代，所以，雅典是否实行了分权，我们不能完全以现代的标准来衡量。而是应该回到雅典的政治现实中分析，看雅典是否真的实行了一定程度的分权。

因此，如何认识雅典民主制度中各个机构之间的关系，以及古代民主与现代民主之间的关系，是一个十分值得研究的问题，它可以使我们更加清醒地认识现代西方民主制度。下面我们分析公民大会与雅典民主制度中其它机构之间的关系。

---

① 施治生：《古代西方关于混合政体的政治理论》，《世界史研究动态》1991 年第一期。
② 王聚瑞：《言必称希腊问题新解》，《济南大学学报》2000 年第四期。

第一节　公民大会与陪审法庭的关系

雅典的陪审法庭，在古典时期是和公民大会、五百人议事会并列的政府机构，研究雅典的民主制度就不能不涉及雅典的陪审法庭。古典时期的雅典人民把陪审法庭看作是民主的标志。亚里士多德把民主制下的公民定义为一个有权成为陪审员和参与公民大会的人。① 他在《雅典政制》中说："人民使自己成为一切的主人，用命令，用人民当权的陪审法庭来处理任何事情。"② 在阿里斯多芬的喜剧《云》中，陪审法庭成为雅典的象征。③ 在近现代人的眼中，雅典的陪审法庭有着异乎寻常的特征：没有法官，没有律师，也没有公诉人，只有发表演说的诉讼双方和做出判决的陪审员。法庭的这种非专业化的特征如何能够保证国家的司法系统有效地运转呢？当然，雅典的陪审法庭也招致一些指责。异邦人称雅典人是好诉讼的雅典人，修昔底德对此的解释是：雅典人使用法律而不是武力来解决争端。④ 而老寡头却说，陪审法庭上的雅典人"与其说是关注正义，不如说是关心他们的利益"⑤。那么，雅典的陪审员是根据法律来判案的吗？法律和法庭之间的关系怎样？陪审法庭在雅典的民主政治的运作中究竟扮演什么角色呢？

陪审法庭在最近二十年成为古典学研究中争论比较热烈的一个话题。一般认为陪审法庭建立于梭伦改革时期。⑥ 在厄菲阿尔特改革之后，雅典陪审法庭的地位逐渐上升，但是大部分中外学者都承认公元前5世纪的雅典，公民大会是国家的最高权力机关。只是对于公元前4世纪公民大会的地位看法产生了分歧。以汉森为首的持比较激烈观点的学者认为，公元前4世纪雅典宪

---

① 亚里士多德：《政治学》，1275a22—33，b5—6。

② 亚里士多德：《雅典政制》，41.2。

③ 阿里斯多芬：《云》206节，《阿里斯多芬喜剧六种》，《罗念生全集》第四卷，上海人民出版社2004年版。在《云》中，苏格拉底的门徒向某人展示一幅世界地图，并指出雅典的位置，但是那个人拒绝相信他，说道："我不信！因为我没有看见那些陪审员坐在那儿"。

④ 修昔底德：《伯罗奔尼撒战争史》，1.77.1。

⑤ Ps. Xen. *Constitutions of Athenians*，1.13.

⑥ S. B. Smith, "The Establishment of the Public Courts at Athens", *transactions and proceedings of the American Philological Association*, Vol. 56 (1925), 106 – 119.

政发展的主要趋势就是公民大会的立法和司法权力转移到了陪审法庭。① 所以雅典城邦的真正主权在陪审法庭，而不是公民大会。国内学者也有汉森观点的拥护者，蔡连增先生就认为：

> 《雅典政制》所谓"陪审员具有的最高权力"说的就是陪审法庭具有的国家最高权力机关的地位。通过对法庭与雅典其它民主机构特别是公民大会关系的考察，可以肯定，从公元前 5 世纪末开始，法庭在政体中确实取得了这样显要的地位。②

而大部分学者仍然坚持公民大会是雅典城邦的最高权力机构。例如，斯塔尔就认为，在公元前 4 世纪的时候，公民大会仍然决定城邦的内外政策，是雅典城邦的最高权力机构。③

汉森认为，在公元前 4 世纪的时候，关于战争与和平问题确实由公民大会决定，但是法律的制定不是通过公民大会，而是根据法律委员会，在公元前 355 年之后，有关死刑、流放、没收财产等惩罚都是在陪审法庭而不是在公民大会上通过，即使在公元前 355 年以前，也只是偶尔有些政治审判在公民大会举行。选举官员确实在公民大会进行，但是官员的选举是抽签选举，并不能证明公民大会拥有最高的权力。还有就是对于官员的资格审查和离职审查都是在陪审法庭而不是在公民大会。④ 所以在公元前 4 世纪，雅典最高权力机构不在公民大会，而是在公民大会、法律委员会和陪审法庭之间分权，公民大会并不是雅典的最高权力机构。⑤

如何看待这一问题？我们首先来看一下陪审法庭的发展、构成、职能及其与公民大会的互动关系，来分析公民大会是否在公元前 4 世纪的时候仍然是雅典的最高权力机关。

陪审法庭是雅典民主政治机构中一个十分重要的组成部分。梭伦改革就设立了这个无财产资格限制的国家机关。后来在厄菲阿尔特改革之后，陪审

---

① 汉森：《德摩斯梯尼时代的雅典公民人会》，第 95 页。
② 蔡连增：《论公元前四世纪雅典陪审法庭的政治权利》，《厦门大学学报》1997 年第一期。
③ Starr, C. *The birth of Athenian Democracy: the Assembly in the Fifth Century B. C.*, Oxford, 1990, p. 4.
④ 汉森：《德摩斯梯尼时代的雅典公民大会》，第 96 页。
⑤ 汉森：《德摩斯梯尼时代的雅典公民大会》，第 104 页。

法庭获得了大发展，也开始掌握司法权力。在改革之后不久，陪审法庭津贴就开始实行，使法庭参与者为下层群众所占据，成为民主制度的堡垒之一。也有学者认为梭伦改革中没有成立陪审法庭，只是公民大会承担了司法审判的职能。

法庭的陪审员由年满30岁的公民组成，只要不欠国家的债，没有被剥夺公民权，都可以担任陪审法庭的审判员。[①] 在公元前5世纪，每年通过抽签选出来的审判员有6000人。[②] 陪审法庭除了公民大会开会日和节庆日子以外，几乎每天都要开庭。6000名陪审员分成10个陪审团，每一个陪审团大约500人。[③] 由于陪审员任期不得超过一年，又是轮流方式当选，所以每隔三年每个公民几乎就能轮上一次。陪审员最早得到的津贴，一开始是一天2奥波尔，后来改为3奥波尔。津贴的实行与厄菲阿尔特改革后，司法权力转移到陪审法庭有很大的关系，因为它要处理的事务更多了，所以需要更多的陪审员，为了鼓励公民参与参加只好实行津贴制度。

公民陪审法庭的司法程序是以私人提起诉讼为起点的，法庭并不主动介入任何案件的审理，除非公民个人主动起诉。因为在雅典也没有任何形式的公诉。

我们最关心的是陪审法庭具有的"违法法令诉讼"的权力，即在五百人议事会上草拟并经公民大会通过的任何法令，如果与现行的法律相违背，或者通过的时候不符合法定的程序，任何公民都可以在一年之内向法庭提起诉讼，追究提出者个人以及公民大会主持者的责任。如果指控成立的话，提出者个人将因为欺骗和误导人民而被处以罚金甚至死刑。[④] 公元前406年公民大会所制造的处决六位将军的冤案就是在行刑后不久获得平反，提出处决动议的卡里克塞诺斯等人因为欺骗人民而被收押审判。[⑤] 法庭同样可以通过不正当立法诉讼取消立法委员会的立法。公民大会的大部分决定是以法令的形式出现的，法令若引起争议，则需陪审法庭来裁决；公民大会选举官吏不以法令形式进行，但是法庭又可通过资格审查使公民大会的选举无效。相反，公民

---

① 亚里士多德：《雅典政制》，63.3。
② 亚里士多德：《雅典政制》，24.3。
③ 亚里士多德：《雅典政制》，67.1。
④ 修昔底德：《伯罗奔尼撒战争史》，8.27.2。
⑤ 色诺芬：《希腊史》，1.7.35。

大会无权取消法庭的任何裁决。法庭有高于议事会的权威，议事会的决定可以通过违法法令诉讼被法庭取消，也可以通过向法庭上诉，把陪审员的裁决置于议事会裁决之上。公元前4世纪，追究个人责任的做法成为雅典政治斗争的常用方法，公民法庭也因此成为政治论争的场所。不过，雅典对借助违法法案指控他人而攻击政敌的做法也有限制，如果缺乏证据而未能获得五分之一陪审员的赞成票，那么指控者将要被课以罚金并被剥夺再次提出违法法案诉讼的权利。①

尽管违法法令诉讼在实际政治生活中常被滥用，但它还是民主政体中的一项很重要的制度，它提供了公民们重新考虑他们在公民大会上所作决定的机会。公民大会做出的决定很可能是仓促不当的，能言善辩的政治领导人有可能诱使公民们通过某个他们过后又反悔的决议。违法法令诉讼就为取消这些决议提供了可能。

法庭对于民主政体的作用是很关键的，除违法法令诉讼外，法庭还有很多其它职能。陪审法庭在公元前4世纪还获得了广义裁决权。所谓的"广义裁决权"，是指在没有法律依据的时候，陪审员同样可以根据自己的判断做出某个决定。法庭的裁决也不仅仅限于司法事务，还包括对政治争执在内的一切争议的审理和判决，陪审法庭可以根据自己的判断裁决一切争论。②

陪审法庭的政治权力中也包含了一部分行政管理权。各类资格审查和官员卸任审核在没有诉讼的情况下就是一种管理监察而非审判。此外法庭还要监督管理一部分日常行政事务。舰队出征前，法庭要听审战船船长提出的豁免义务或与别人调换财产的要求；公共项目承包或公共财产出租时需由法庭监督；拍卖没收的财产也得在法庭上进行。③

正因为陪审法庭掌握了这些重要的政治权力，雅典人普遍把法庭看作是"民主政体的支柱"。汉森认为，在公元前4世纪，陪审法庭在雅典政治生活中起着极其重要的作用。通过违法法令诉讼、检举案件审理、各类资格审查、官员卸任审核等公共程序，陪审法庭不但行使最高司法权，而且干预立法，行使大部分监察权和部分行政管理权，对政治、军事领导人及各级官吏的活

---

① 辛克莱尔：《雅典的民主与参与》，第152—156页。
② 蔡连增：《论公元前四世纪雅典陪审法庭的政治权利》，《厦门大学学报》1997年第一期。
③ 蔡连增：《论公元前四世纪雅典陪审法庭的政治权利》，《厦门大学学报》1997年第一期。

动实行直接的控制，处于实际上的国家最高权力机关的地位。

亚里士多德在《政治学》中说道：

> 一切政体都有三个部分或要素……第一个要素是与公共事务有关的议事机构，第二个要素与各种行政官职有关，它决定应该由什么人来主宰什么人或事，和应该通过什么样的方式来选举各类官员，第三个要素决定司法机构的组成。议事机构主管战争与和平、结盟和解盟方面的事务，它还监管法律、死刑、放逐、没收、官员的选举和审查方面的事务。这些方面的权力必然要么归于全体公民，要么归于某些公民，或者把某些事项交付全体公民审议，而把一些事项交付某些公民去审议。把一切事项交付全体公民审议具有平民主义性质，平民百姓期求的就是这种平等。①

可见公民大会在很多重要方面拥有其它政治机构所无法比拟的权力，它是雅典的最高权力机关。虽然公民大会被剥夺了通过法律的权力，但是召集制定法律的司法委员会权力在公民大会，公民大会决定修改法律，司法委员会才可以修改法律。而且在紧急时刻，尤其在战争时期，公民大会通过的法令也具有和法律一样的效力。②

此外公民大会通过的法令虽然不如法律有权威，但是在外交政策方面，公民大会有最重要的决定作用，它通过的法令就是最后的决定。在司法审判上，公元前355年以前，公民大会经常检举某些官员的行为，审判不是在陪审法庭，而是在公民大会。即使公元前355年以后，关于检举官员也是首先在公民大会上，某个公民提出对官员的检举，公民大会通过法令决定将其转移给陪审法庭审理，案件才会转移给陪审法庭。

五百人议事会具有提出预备立案的职能，但是，经常是它对某些立案并没有提出任何解决的办法，要由公民大会在大会上进行辩论，然后才能得出最终的决定。预备立案也经常不被公民大会所通过，它经常需要修改、补充，等等。而且公民可以委托某些议员把一些事务在五百人议事会提出作为预备

---

① 亚里士多德：《政治学》，1297b37—1298a11。
② Demo. 19.286 - 287.

立案，以在公民大会进行讨论。① 违法法令诉讼是陪审法庭的一个非常重要的权力，但是实际上，每年公民大会通过的法令至少有四百多个，而收到违法法令诉讼的仅是非常少的一部分，仅有少数法令需要到陪审法庭去评判其是否违反了法律。对于官员的任职检查和离职检查，虽然归陪审法庭负责，但是我们知道雅典是轮流执政，每年有官员 1000 多名，陪审法庭不可能非常仔细地去检查，我们也很少看见有被审查不合格的公民，所以，它更多的是走个形式。

所以，公民陪审法庭本质上只不过是公民大会司法权力的延伸，而且是公民大会这台机器发挥正常功能的监视器与调整器。② 或者说，陪审团就是一个小型化的公民大会，其规模根据案件的重要程度变化，人数可从 101 人到 1001 人不等。③ 所以它并不能改变公民大会作为国家最高权力机关的地位。而且公民大会是唯一的允许所有成年男性公民参加的政治机构，陪审法庭和司法委员会则限制了一部分公民，尤其是 30 岁以下公民参加的权力。所以公民大会更能体现全体公民集体管理国家事务，而陪审法庭和司法委员会只不过是公民大会的附属机构而已。

第二节　公民大会与五百人议事会的关系

一、五百人议事会的历史、组成

民主原则按其纯粹的和最充分的状态来说，要求"一切权力属于人民"。但是公民大会并不能每天召开，这样就需要一个机构能够在公民大会不召开的时候行使公民大会的职权，并且这一机构还要受到人民的监督，而不能超越公民大会的权力，人民可以通过监视和更换掌权者而实际行使权力。

雅典是直接民主，但如果否认雅典存在代议制就意味着忘记了议事会的存在。几乎在每一个希腊国家，我们都会发现这种议事会和公民大会并存。

---

① Rhodes, P. J. *The Athenian Boule*, Oxford, 1972, p. 68.
② 施治生、郭方主编：《古代民主与共和制度》，第 197 页。
③ 基托：《希腊人》，上海人民出版社 1998 年版，第 157 页。

雅典的议事会也有一个发展变化的过程，一般认为在梭伦改革之时就设立了一个四百人议事会，它的职能是为公民大会准备议案，以限制公民权力。① 但是我们对于四百人议事会的了解很少，唯一的资料就是据戴奥真尼斯的记载，在僭主夺取政权过程中，当梭伦出现在公民大会鼓励公民反对僭主时，议事会没有站在梭伦一方，反而指责梭伦，说他精神错乱。② 所以很多学者怀疑雅典是否存在这样一个四百人议事会。即使有的话，在其建立之后，在僭主政治时期，它的职能作用也不会充分发挥。

克里斯提尼改革之后，五百人议事会成为雅典民主政治机构中一个重要的组成部分，一般认为它是在四百人议事会的基础上发展起来的。我们对于五百人议事会的了解远比四百人议事会要详细得多。

五百人议事会的议员（βουλευτής）从年满 30 岁的成年男性公民中抽签产生，每部落五十人。五百人议事会不但注意了部落之间的平衡，而且还保证每个德莫都能有自己的代表，德莫按照其人口的多少，分享不同的代表比例。这样就使所有的德莫都可以有自己的代表。公民一生中最多只能担任两次五百人议事会议员。体现了机会均等、轮番而治的原则。

五百人议事会（ἡ βουλὴ οἱ πεντακόσιοι）作为依附于公民大会及执行大会意志的常设机构，除每年节日和不吉利的日子，每天都要开会。根据辛克莱尔的统计，雅典每年大约有 75 天节日和 15 天不吉利的日子，所以五百人议事会每年大约要工作 270 天。③ 有学者猜测，时间上作出的牺牲，会使得议事会的成员倾向于有钱人，虽然出席议事会付薪的办法使情况有所改善，但这份薪水其实有限。另一方面，人们认为，由于各种社会压力的存在，无法轻易地把某个人排除在议事会选举投票之外。如果某人想在某年成为议事会成员，一般都能当选。④ 所以奥斯本认为在雅典民主政治中，富人控制着民主机构，五百人议事会中富人占据主导地位。即使到了公元前 4 世纪的时候，政治权力也限制在富人手中。⑤ 但是，我们没有发现什么特别的证据表明，议

---

① 普鲁塔克：《希腊罗马名人传·梭伦传》上册，黄宏煦主编，商务印书馆 1990 年版，19. 2。

② 普鲁塔克：《希腊罗马名人传·梭伦传》上册，黄宏煦主编，商务印书馆 1990 年版，19. 3。

③ R. K. Sinclair, *Democracy and Participation in Athens*, p. 255.

④ 拉尔森认为五百人议事会中，富人占据了很大比例，而奥伯则否认五百人议事会主要由富人构成的观点，认为下层公民在其中占据了多数，而且议员是有津贴的，所以贫穷的公民当然也十分渴望成为议员。

⑤ Robin Osborne, *Demos: The Discovery of Classical Attica*, Cambridge, 1985, p. 68.

事会与公民大会相比在社会立场上会有什么不同，或者说会更倾向于上层一些——要有也只是相反的证据。①

为了提高运行效率，五百人议事会还分为 10 个小组，每组在一年的十分之一时间内服务，称为一个布列塔尼。在一般的年份，前四个布列塔尼各任职 36 天，后六个则任职 35 天。布列塔尼负责主持议事会和公民大会。学者葛德温（Goodwin）甚至认为，每个布列塔尼内部还细分为 5 个部分，每 10 人一组，每组负责每届的五分之一时间，大约 7 天。② 每天都要从在任主席团内抽签选出一名执行主席。他的任期是一天一夜，不能延长，也不能在这届主席团内再度当选。在这一天一夜内，他就是雅典最高的公职人员，是国家的最高首脑。他掌管国玺还有国库的钥匙，负责召开五百人议事会，如果那天召开公民大会的话，他便是公民大会的主席。他和成员中的三分之一，必须每天在议事会大厅南端的圆顶厅值夜班，以防突然事务的发生。

到了公元前 4 世纪，议事会内部又出现了九人委员会，由布列塔尼主席从其它九个部落议事会成员中抽签选出，每部落一人，其中一人为总主席。③他们代替布列塔尼主持议事会和公民大会。

克里斯提尼改革之后，选举产生的五百人议事会已经把贵族议事会逐渐排挤到次要的地位。尤其是厄菲阿尔特改革之后，贵族议事会的权力被剥夺，权力转移到公民大会、五百人议事会和陪审法庭手中之后，五百人议事会较之贵族议事会的权力就更大了。但是，五百人议事会的作用较之那些不能撤换成员的贵族议事会来说，它在更大程度上依附于公民大会，它是依附于公民大会及执行大会意志的常设机关。而无论贵族议事会的权力是否减少，它还是相对独立于公民大会之外。公民大会的决议经常用如下公式表达：公民大会和议事会决议。这个公式证明了在某种程度上，最高权力由公民大会和议事会分享，议事会是公民大会的附属机构。

二、五百人议事会的职能作用及其与公民大会的关系

五百人议事会职能范围很广，但是我们这里只选取了它几个主要的方面

---

① Lysias. 30. 22.

② William W. Goodwin, "The Relation of the Proedroi to the Prutaneis in the Athenian Senate", *Transactions of the American Philological Association* (1869–1896), Vol. 16 (1885), 165–175.

③ 亚里士多德：《雅典政制》，44. 2—3。

来论述，并分析它与公民大会的关系。

1. 预备立案

希腊各地通行议事会准备提案制度，这种制度的主要原则是：先由议事会提议，然后交由公民大会表决通过，这是古典时期斯巴达、雅典或者几乎任何城邦解决重大问题的正规方式。五百人议事会是雅典公民大会闭会期间行使国家政府职能的常设机构。它的首要的也是最重要的任务就是为公民大会准备提案，对于公民大会将要讨论的每个问题提出初步的处理意见。

议事会提出议案，公民大会则决定这些议案的命运。限定公民大会的议题并决定提出什么问题，这个权力实际上并不小。奥斯本就认为雅典民主政治的权力掌握在那些在公民大会上提出动议的演说家和其他富人手中。① 雅典法律规定，任何问题，如果没有议事会的事先讨论，公民大会都不得触及。这就为防止一些错误提案的提出预设了一道制度的阀门。因为如果议事会没有提出议案，基本上任何事情都不能在公民大会上讨论。因为公民大会无权自己提出议案，但它可以请求议事会提出议案。

议事会还负责主持公民大会的召开。与公民大会相联系，五百人议事会的最主要职能就是为公民大会提供预备立案。普鲁塔克描述了这一职能的起源：

> 在他（梭伦）设立包括历届执政官在内的"元老会议"之后，他看到一般人民由于摆脱了债务而浮动和大胆起来，于是又设立另一个会议，包括成员四百人，由四个部族选出，每一部族各选一百人。在人民讨论公共事务之前，他们先行讨论；不经过这种事先的讨论，任何一件事情都不得提交公民大会。②

梭伦建立议事会的目的可能就是为了减少公民的不安和冒失，通过引入这样一种制度，使四百人议事会成为介于民众和他们在公民大会上去批准法令之间的有效媒介。五百人议事会同样执行为公民大会提供预备立案这一最重要的职能。

---

① Robin Osborne, *Demos: The Discovery of Classical Attica*, Cambridge, 1985, p. 65.
② 普鲁塔克：《希腊罗马名人传·梭伦传》上册，黄宏煦主编，商务印书馆1990年版，19.1。

　　所以，对于这些事情，议事会并不具备最高权力，但是，它给民众会准备决议案，而民众会并不能通过未经议事会准备和未经主席团事先以书面公布的任何法案；因为提出这样法案的人事实上将被起诉为不法行为而受罚金处分。①

德摩斯梯尼说，议事会的职能是为公民大会准备预备立案。②

10 世纪的苏达辞书对预备立案的解释是：在呈交给公民大会讨论之前，议事会已经讨论过的事务。③

德摩斯梯尼在其演说中，更是详细地描述了预备立案的准备过程：

　　当雅典正要把自己的全部军事力量派往优皮亚和 Olynthus 之时，作为五百人议事会成员的阿波罗多鲁斯在议事会上提出了一个动议，建议公民大会来讨论国库的财富是用在军事上还是用在公共节日上，并作为预备立案转交给公民大会来决定。因为根据雅典法律，战争时期国库财富都要用于军事预算。但阿波罗多鲁斯认为公民有权力决定如何去按照他们的意愿使用国库财富。作为议事会一员，他发誓他是按雅典人民的利益来行动，所有人都见证了这次危机。④

　　按现存的法律要求，任何雅典国库中的剩余资金都要被用于军事目的。但是，阿波罗多鲁斯无视这一法律的存在，仍然要求公民大会讨论如何去使用这些资金。所以，阿波罗多鲁斯把这一问题带到了五百人议事会，并在议事会通过使之成为预备立案。这一预备立案要求公民大会就如何使用剩余资金进行讨论。德摩斯梯尼继续叙述这一事件在公民大会的发展，公民大会就此问题进行了投票，全体一致同意把剩余资金花费在军事事务上。⑤

　　经过一系列程序，雅典民主最终还是按照现存的法律使用了国库的财富，挫败了阿波罗多鲁斯的计划。议事会这一雅典民主制机构，利用它的预备立案，通过公民大会使所有公民都去考虑。现存法律是否仍然符合当时的需要，并且由公民们做出自己认为正确的选择。

---

①　亚里士多德：《雅典政制》，45.4。

②　Demo. 23.92.

③　http：//www. stoa. org/projects/demos/article_ council? page = all#section_ 13.

④　Demo. 59.4.

⑤　Demo. 59.5.

五百人议事会一般情况下对所提的议案有两种情况：一是议事会已经进行了讨论，但要公民大会表决；二是议事会没有进行任何讨论，而是把问题直接提交给公民大会，由公民在大会上讨论，然后决定如何处理。

通过预备立案，使五百人议事会在一定程度上对公民大会进行了制约，使其不至于做出一些不合理的决定。

罗德斯对雅典五百人议事会做了专题研究。他认为，议事会虽然也可以通过自己的法令，但是这些法令只能作为公民大会法令的补充，而不能取代公民大会在国家重要事务中的作用。在面对重大问题的时候，还是公民大会决定一切，虽然这些问题也需要议事会来做预备立案。但是议事会也有一点很重要，那就是它能保证公民大会通过的法令能够得到有效执行。①

2. 财政方面

财政事务对于雅典民主政治来说是至关重要的，因为如果没有了财政支持，雅典民主政治机器的运转几乎马上就会陷于停顿。德摩斯梯尼就曾提及公元前353年，公民大会、五百人议事会和陪审法庭由于财政困难而陷于停顿。②

公民大会有管理财政事务的权力，同样五百人议事会也拥有这一职能，但是他们所管辖的范围确有所不同，议事会几乎涉足雅典民主政治公共财政的各个方面，从收取盟国捐款到分配财产，还有惩罚那些对国家欠款的公民等。

伪色诺芬在《雅典政制》中记载雅典民主政府的无效率，他批评五百人议事会或者公民大会要花费很长时间才有可能处理他的事务：

> 我注意到虽然议事会和公民大会常年召开，但是它们不可能处理每一个公民的事务。原因不在于别的，因为议事会和公民大会需要处理的事务太多，它们不可能及时处理每一个公民的事情。……议事会不得不考虑诸如战争、税收、立法、内部事务、外部关于联盟、接受捐款、负责维修船坞和神殿等。③

---

① P. J. Rhodes, *The Athenian Boule*, Oxford, 1972, p. 87.

② Demo. 24. 99.

③ Ps. Xen. *Const. Ath.* 3. 1 – 2.

伪色诺芬在这里列举了议事会的诸多职能，其中就包括很多财政事务，即包括如何获得资金，也包括如何去花费那些资金。在正常情况下，议事会有自己的财政预算，它可以通过财务官去使用国家财产。例如，如果他们想立一个石柱刻上法令，就可以使用自己的预算。他们还可以提出给某个公民以奖赏的财政预算。例如为了给公民（Eudodoxos）花冠，议事会就花费了500德拉克玛银币。议事会在资金不足的情况下，也经常会引起很多问题。演说家吕西阿斯（Lysias）在一次演说中说：

> 议事会只要它有足够的资金运行，它总是深思熟虑地处理一切事务，决不犯错。但是当资金出现困难的时候，在某些邪恶的演说家的说服下，它就开始通过弹劾以剥夺某些公民的财产。[①]

因为五百人议事会拥有如此大的权力，经手如此多的财产，雅典人想方设法让其在处理事务时做到诚实、公开。亚里士多德在《雅典政制》中详细地记载了雅典对议事会财务状况的监督方法，以防止资金的滥用。[②]

可见，议事会和公民大会都可以处理财政事务，只是分工有所不同而已。五百人议事会负责的财政事务可能更重要一些，公民大会对一些财政事务具有发言权，真正的执行机构还是五百人议事会。

3. 外交政策

关于雅典外交政策的最重要方面——战争与和平问题，毋庸置疑的是公民大会拥有最终的决定权力。但是作为公民大会的常设机构，五百人议事会几乎每天都召开，在雅典与外部世界的关系方面也扮演着十分重要的角色。

例如，议事会经常代表雅典政府接见外国使节，选举本国的优秀公民担任驻外使节。还有就是它可以保证国家政策的安全，以防止非雅典人获取雅典的外交秘密。议事会通过自己的预备立案也使自己在外交事务上有了一定程度的发言权。埃斯奇奈斯曾经谴责德摩斯梯尼，说他在雅典外交使节没有返回来之前，就操纵议事会通过了一个预备立案使公民大会讨论外交政策。

---

① Lysias. 30. 22.
② 亚里士多德：《雅典政制》，47—48。

而正常情况下，如果外交使节没有回来是不能讨论外交事务的。①

当五百人议事会没有通过预备立案的时候，公民大会有时候可以把一些不适合由公民大会解决的事务授权给五百人议事会来处理。例如，关于雅典海军装备问题，公民大会有一次在提出动议后，就把它交由议事会处理了。只要五百人议事会不违反任何以前公民大会通过的法令，就可以做出新的决定。

五百人议事会有时候可以代表雅典同其它城邦签订条约。雅典议事会有一次曾经同叙拉古僭主狄奥尼休斯签订了一个双边援助的条约。②

而且五百人议事会的布列塔尼作为公民大会的主持者，每天都要在议事厅值班。国外使节和本国外交使节所传达的消息首先到达他们那里，然后由他们向公民传达。德摩斯梯尼曾经描述了在马其顿的菲利普占领埃拉提亚（Elatea）后，消息马上传给了布列塔尼：

> 当埃拉提亚失陷的消息传到议事会后，当时正在吃晚饭的议事会成员马上停止了吃饭，五百人议事会的一部分成员去通知将军和喇叭手以准备明天的公民大会，一部分则马上去清除市场上的固定货摊等。③

这段话清晰地表明，即使是由公民大会负责的一些重要外交事务，首先也要由议事会负责主持召开公民大会，然后才能在公民大会上以预备立案的方式对外交事务进行讨论。埃斯奇内斯提及议事会经常允许外国使节在公民大会上演讲。④ 议事会还可以给外交使节以某种奖赏，例如在公共食堂吃免费的晚餐，⑤ 或者是在剧院观看演出等⑥。五百人议事会也可以对外交使节敷衍了事。色诺芬记载在留克特拉（Leuctra）战役后，底比斯派出外交使节来雅典，要求能结成联盟共同反对斯巴达：

> 至于底比斯人，在他们取得胜利后，马上派使者来雅典，要求雅典能够援助他们，并且说现在正是雅典人向斯巴达人为过去所做的一切进

① Aeschin. 2. 60 – 61.
② Demo. 18. 169.
③ Demo. 18. 169.
④ Aeschin. 2. 58.
⑤ Demo. 19. 235.
⑥ Aeschin. 2. 55.

行报复的绝佳时机。现在五百人议事会没有选择在卫城举行会议，在他们听到这一切后，他们感到非常的悲哀，所以他们没有像往常一样款待使者，也没有给他任何回答。所以使者在没有得到任何回复的情况下返回了底比斯。①

雅典外交使节在从国外返回后，需要首先去议事会汇报，然后才去公民大会汇报。埃斯奇奈斯描述德摩斯梯尼在作为议事会议员的时候，曾经提议给外交使节以花冠奖赏并邀请他们去公共食堂吃饭。

　　在我们归来，当我们给议事会做了简短的汇报并呈上菲利普的来信之后，德摩斯梯尼称赞我们和他议事会的同僚，他在赫斯提女神前发誓，庆贺城邦派出了这么称职的正直、善辩的使者，他们是值得城邦给他们奖赏的。在提及我的时候，德摩斯梯尼是这样说的：我从来没有对选举你为使者失望过。为了这些，他提议给我们每个使者一个橄榄枝花冠，以感谢我们对于城邦的忠诚，并让我们在城市公共会堂去进晚餐。②

　　外交政策有时候需要有计划和保密，尤其在讨论一些敏感性的问题上。对于这一点五百人议事会要比公民大会要好得多，因为公民大会是露天举行的，很容易被偷听而泄露了国家机密，五百人议事会则是秘密会议，外人很难获得里面的消息。③

　　议事会的职能非常广泛，除了为公民大会提出议案，还负责财务和外交事务外，另外它还有很多其它职能。④

　　虽然证据表明，议事会偶尔也有秘密外交之举，但这还不至于严重破坏公民大会的权力。泰米斯托克利曾经为了雅典公民的利益想不把决议通知给公民大会，但是，后来在公民的要求下，告知了议事会，才最终为公民大会所接受。奥斯本认为雅典民主政治的权力掌握在那些提出议案的公民手中。⑤实际上，在雅典不管公民在财富上和能力上多么突出，即使是伯里克利，如果他的提议不能获得公民大会的支持，也无法顺利实施。所以，古代雅典的

---

① Xen. *Hell.* 6. 4. 20.
② Aeschin. 2. 45 – 46.
③ Demo. 25. 23.
④ 亚里士多德：《雅典政制》，45—49。
⑤ Robin Osborne, *Demos*：*The Discovery of Classical Attica*, Cambridge, 1985, p. 65.

五百人议事会无非是行政上的一个关键的发动机而已，它既没有超过这种作用，但也不会低于这种作用。

第三节　公民大会与贵族议事会的关系

从历史的角度讲，一种高级的文化必定起源于一个贵族阶级，因为只有这个阶级才有时间和精力去创造它。在政治领域，雅典占主导的共同意识使雅典的贵族全身心地融入到了民主政体，从梭伦到克里斯提尼及其以后的优秀政治家，大部分都出自雅典上流的贵族之家。有学者认为，雅典贵族主宰民主政坛的现象，有其特定的历史背景。首先是雅典贵族与众不同的生存环境和适应环境的能力，使他们不自觉地扮演了民主政治推动者的角色。其次，雅典文化价值体系的贵族性使贵族在社会政治生活中处于众望所归的地位。但是伯里克利之后平民领袖的崭露头角和公民大会对政治事务的全面控驭，意味着民主政治日益显露其真实的社会基础。因此，贵族领袖现象并不否定民主政治的基础在于工商业这一根本命题。[①]

贵族发挥自己作用的一个政治机构就是贵族议事会。贵族议事会是雅典民主政体中一个非常独特的政治机构，它可能是雅典民主政体中最不民主的机构。因为它的组成、职能都不是很民主。但是，贵族议事会在雅典民主政体中却发挥了自己独特的功用。

贵族议事会是雅典最古老的一个议事机构，它的存在比雅典民主开始得早，在雅典国家建立之初即已建立，并且一直到雅典民主灭亡之后仍继续存在。雅典的贵族议事会由卸任的执政官组成，任期终身。所以具有很强的稳定性，而且贵族议事会成员一般都是社会的上层，社会地位、政治权力获得终身保障，因此拥有非常广泛的权力。至少在庇西特拉图僭主之前，贵族议事会掌握了城邦的一切事务，拥有最高权力。卸任执政官的不断加入，加强了这个议事会的力量。但是在僭主统治时期，贵族议事会权力受到了限制，

[①]　毕会成：《雅典贵族与民主政治——雅典民主政坛上的贵族现象探析》，《辽宁大学学报》2004 年第五期。

因为僭主统治时期，不可能允许一个不听命自己的特权机构拥有比自己更大的权力，虽然没有取消它，但是，僭主通过把自己的支持者安排进贵族议事会，使贵族议事会成为了自己的一个傀儡。所以，很多贵族看到这一情况后，都消极参与政治，而平民却因此逐渐在僭主统治时期获得了参政的意识。在庇西特拉图之子被驱逐之后，克里斯提尼改革时期，贵族议事会的势力逐渐得到恢复，并重新掌握了国家权力，主持国政。

然而自克里斯提尼改革之后，雅典已经走上了民主的道路，任何阻碍民主发展的事物要么进行改革适应民主，要么就得消失。贵族议事会在这期间也不断调整，其地位也不断发生变化，但是一直都没有退出历史舞台，并且在雅典民主的不同时期发挥了不同的作用。在公元前 462 年厄菲阿尔特改革之前，贵族议事会在司法、行政、立法、财政等方面拥有重要的权力，但这些权力并非来自人民正式授予，而是来自传统，并使人们普遍产生敬畏。人民对贵族议事会怀有一种宗教般的崇敬，相信它有受之于神明的神秘传统。①

贵族议事会在波斯战争期间声名卓著，而元老们似乎也想趁势把持住城邦政权；可是由于萨拉米斯海战的胜利，下层公民的力量得到了增强，因为在替雅典人赢得海上霸权的海军舰船上服役的水手大都来自平民阶层。②

民主政治发展过程中对贵族议事会冲击最大的莫过于厄菲阿尔特改革了，这次改革对贵族议事会的冲击是雅典政治发展进程中一个非常重要的阶段。根据亚里士多德的记载：

> 这样，贵族议事会就失去了支配国事的地位。在这以后，由于作为人民领袖的那些人的锐意图谋，宪法一天比一天放宽了。③

公元前 3 世纪的历史学家菲罗科鲁斯（Philochorus）留下的残篇也详细地记载了厄菲阿尔特改革对贵族议事会权力的剥夺。在他叙述的关于贵族议事会的"保护宪法"的职责中，他说：

> 厄菲阿尔特改革后，贵族议事会留下来的保护宪法的职责只有七

---

① 杜平：《古希腊政体与官制史》，第 110 页。
② 亚里士多德：《政治学》，1304a20—25。
③ 亚里士多德：《雅典政制》，26.1。

项了。①

　　要深入理解亚里士多德所说的贵族议事会失去支配国事的地位，或者菲罗科鲁斯所说的贵族议事会仅保留的那些职责，首先我们就必须清楚在厄菲阿尔特改革后贵族议事会在雅典民主政治中的角色。亚里士多德描述贵族议事会在公元前4世纪中叶的职能时说：

　　　　故意杀人和伤人的审判是在阿勒俄琶菊斯（贵族议事会）进行的，而毒杀和放火杀人案亦然；因为只有这些案件才由议事会审讯，至于非故意杀人，以及谋杀和杀害奴隶或异邦居民或外国人案，则在帕拉狄温法庭审判；凡承认杀人而宣告此为合法行为者，或在战争中或竞技中误杀一公民同胞者，都在得尔菲尼温审判。②

　　如果厄菲阿尔特把很多原本属于贵族议事会的司法审判职能分配给其它法庭，那么在他改革后，势必引起雅典陪审法庭对公民数量需求上的增加。实际上，许多叙述厄菲阿尔特和伯里克利改革贵族议事会的著作，同时提到了陪审法庭津贴也在这时候开始发放，明显是为了满足陪审法庭对公民参加法庭数量的需求。亚里士多德叙述的这两次改革非常接近，认为它们使雅典政治更加民主化：

　　　　厄菲阿尔特和伯里克利削减了贵族议事会的职权；伯里克利又颁行了给予陪审员以出席津贴的制度；这样每一群众领袖都相继努力抬高了平民势力，直到今天，大家所目见的政体就是沿着这一路径演进的结果。③

　　从厄菲阿尔特改革之后，关于贵族议事会的资料寥寥可数，因为在随后的民主政治时期，贵族议事会基本上就是执行法律所赋予它的司法审判职能和宗教职能。它的组成也可能发生了改变，因为执政官的资格已经不再像以前那样限制在前两个等级，只要没有犯大的过错，雅典公民基本上都可以被选举为执政官。

----

① Philochorus Fr. 64.
② 亚里士多德：《雅典政制》，57.3。
③ 亚里士多德：《政治学》，1274a。

　　但是，虽然如此，笔者认为对于贵族议事会来说，还是前两个等级的人一直在占有多数，它仍然是贵族的最后堡垒。在公元前4世纪的时候，贵族议事会也多次在城邦的紧急时刻，出钱武装军队保卫雅典，为城邦的稳定发挥了关键作用。

　　公元前4世纪的时候，贵族议事会对公民大会还具有权力制衡方面的作用。尤其是在公元前338年切罗尼埃战役之后，我们发现贵族议事会在某些方面权力得到了一定程度的增强，甚至有时候高于公民大会的决定。普鲁塔克在《名人传》中记载，在切罗尼埃战役之后，当公民大会选举卡利戴穆斯（Charidemus）为十将军之一时，贵族议事会否决了公民大会的决议，而任命伏西翁（Phocion）为十将军之一。

　　　　在切罗尼埃战役失败后，当雅典的暴民和激进分子把卡利戴穆斯拉上公民大会讲台并欢呼他被选为十将军时，雅典上层分子心生恐惧，他们向出席公民大会的贵族议事会进行乞求，说服他们把城市交给贵族伏西翁来掌握。①

　　德摩斯梯尼也叙述了一系列事件，其中贵族议事会曾两次干涉公民大会的决定。据说安提丰在允诺为菲利普烧毁雅典船坞后，秘密返回了雅典。但是被德摩斯梯尼在比雷埃夫斯港口所抓获，并且被送到公民大会进行审判，由于埃斯奇奈斯为他在辩护，使他逃脱了公民大会的惩罚。②

　　　　如果贵族议事会没有意识到这一事实，开始进一步调查并最终逮捕了安提丰，使他再一次面对法庭的审判，那么他就将逃脱正义的审判，并且在邪恶演说家的帮助下逃离城邦对他的惩罚。③

　　德摩斯梯尼所说的邪恶的演说家指的就是他的敌对者埃斯奇奈斯。德摩斯梯尼继续陈述说：

　　　　在贵族议事会推翻了陪审法庭的判决这次事件之后，贵族议事会又推翻了公民大会决定任命埃斯奇奈斯为雅典使节这一决定。贵族议事会

---

① Plut. Phocion 16.4.
② Demo. 18.132.
③ Demo. 18.133.

及时地拒绝了把这一任务交给一个叛徒，而是把任务交给了叙佩利德斯（Hyperides）。①

由此可见，贵族议事会在雅典民主政治中确实发挥了自己独特的作用，尽管它在本质上是不民主的机构。但是，在实际运作中，它确实保证了雅典民主制度的正常运转。

小　结

通过分析公民大会和陪审法庭、五百人议事会、贵族议事会的关系，我们可以看出，在雅典城邦的发展过程中，各机构都发挥了自己独特的作用。在公元前462年改革之前，贵族议事会是雅典城邦的最高权力中心，改革后，公民大会的地位迅速提升到了国家最高权力机关的地位，而陪审法庭也在改革后，掌握了更多的权力，但是，直到雅典民主制度灭亡，陪审法庭都没有能取代公民大会的最高权力中心的地位，它仍然是司法机构，只是在一定程度上掌握了审判国家领导人——尤其是将军的权力，它对于公民大会来说，还只是一个从属的机关，没有能取代公民大会在城邦中的地位。但是正是这些政治机构的运行保证了雅典民主政治的顺利发展，各机构都在民主政治的发展中起到了自己独特的作用。而且雅典各个政治机构之间的关系也不是三权分立的原则。虽然陪审法庭和五百人议事会对公民大会有某种程度上的制约作用，但是并不能改变公民大会作为国家最高权力机关的地位，公民大会不仅控制着立法和行政，而且还控制着司法，五百人议事会和陪审法庭只是它的附属机构而已。

① Demo. 18. 134.

结语　自由、平等、荣誉，民主政治的保证

民主政治对于人类来说始终焕发着无穷的魅力，千百年来一直是人们为之奋斗的政治理想。人民追求民主，期望自由，期盼自我价值的充分实现。虽然从古至今，理想的民主社会从来都没有成为现实的社会，但它却越发激起人们对民主政治的向往和追求。

民主的理论和实践源远流长。美国政治学家达尔曾经指出，民主是许多历史要素的"混合物"；现代民主理论和制度来自于古希腊民主、罗马和中世纪以及文艺复兴时期意大利城市国家的共和传统、欧洲代议制的思想和制度以及政治平等的逻辑。在古希腊民主实践之后，君主制和贵族制一直是政治发展的主要方式。直到 20 世纪，民主化才成为一种世界性的进程。按照亨廷顿的总结，迄今为止人类已经经历了三次"民主化浪潮"，尤其在 20 世纪末兴起的"第三波"中，"人类历史上采取某种民主政体的国家总数在世界上第一次占到了一半以上。"这样的发展趋势确实是浩浩荡荡，所以今天我们已经无法想象，有谁敢于公开反对民主的价值。民主，似乎再也找不到它的竞争对手或者替代物，"历史的终结"看起来是那么理直气壮，也正如亨廷顿所反问的那样："我们有可能看到一个民主不仅是主流政体，而且是普遍政体的世界吗？"[①]

在《布莱克维尔政治学百科全书》中"民主"条目下写道："古老的政治用词，意指民治的政府，源于古希腊 demos（民众的）统治，在现代用法中，它可以指人民政府或人民主权，代议制政府及直接参与政府；甚至可以指（不太确切的）共和制或立宪制政府，也就是法治政府。"[②] 这样短短一段

---

① 亨廷顿：《第三波——20 世纪后期民主化浪潮·序言》，刘军宁译，上海三联书店 1998 年版，第 2—3 页。

② 戴维·米勒、韦农·波格丹诺编：《布莱克维尔政治学百科全书》，邓正来等译，中国政法大学出版社 1992 年版，第 190 页。

话中，"民主"就与"民治""人民主权""代议制""直接参与""共和制""法治"等若干概念画上了等号，可是"人民主权"与"法治"、"代议制"与"直接参与"这样一些概念又明显大相径庭，那么我们必须追问：民主到底是什么？

因此，要对这样一个问题做出回答是相当不容易的，我们可能会痛苦地发现，对于可以追溯到雅典时代的民主发展史和当今世界上百个"民主国家"之间的巨大差异而言，任何一种简明的定义都会显得单薄无力。

建立在财富不公平基础上的西式民主，一开始就是富人的游戏和富人的梦想。民主伴着富人经过无数场游戏无数场梦，一路走来，直到今天。如果西方政治是一部汽车的话，那么金钱就是汽油。这个传统可以一直追溯到几千年以前爱琴海畔的古希腊。古希腊是一群城邦国的统称，它们从来没有统一过。其中最强大的是古希腊文明圈里的两个超级大国——雅典和斯巴达，尤其雅典被认为是西方民主政治的摇篮。古希腊的民主实际上是少数特权阶层的民主，是奴隶主的民主。只有被称为"公民"的阶层，才享有民主权利。在雅典，只有年满20岁的男性土地拥有者享有选举权。他们人数不多，高居其他阶层之上。他们制定游戏规则、制定法律、垄断政治权力和其他所有的公共权力，独享选举权和被选举权。奴隶、外邦人、妇女等被完全排斥在政治过程以外。古希腊的民主，并没有带来言论的自由。苏格拉底不合时宜的言论，给他带来了死刑的判决。

在古典历史研究的长河中，作为西方民主政治源头的雅典民主，一直是学术界研究的重点与热点。不同时代、不同国家、不同世界观价值观的人们作出了不同的评价，"一切历史都是当代史"的论断，在这里得到了明显的体现。社会现实与古史研究的联系在20世纪90年代体现得更加明显。许多西方古典学者认为现代西方的民主与自由传统源于古代希腊，并且必将在全人类范围取得终极的胜利。因此，如何全面认识古代希腊，尤其是雅典的民主制度，对于我们认清现代西方民主制度的起源及其现实意义就有着不可估量的价值。公民大会作为雅典民主政治的最高权力机构，一直在民主雅典政体中发挥着发动机的作用。对其进行研究可以让我们更好地了解雅典民主。

公民大会起源于荷马时代的民众大会。但是在荷马时代，民众大会的作用很小，它只是贵族之间斗争的工具而已，无足轻重。进入到公元前 7 世纪，雅典的社会政治和经济危机最终促成了梭伦改革。这是一次在相关条件还不成熟的情况下所进行的改革，改革使雅典走上了发展民主的快车道，但是并不稳固。公民大会虽然召开，但是仍然为富人所控制。随后的庇西特拉图僭主统治则是为其全面补课阶段，僭主统治虽然不是民主政治时期，但是其在客观上促进了雅典民主的发展，也为随后的克里斯提尼改革奠定了社会基础。

有一种推论认为，民主的发明权应属于大约公元前 600 年的斯巴达人或者更早的生活于西亚地区的腓尼基人。这种推论虽然提出了一定的早期文明研究的根据，但因论据尚不充分还难以成立。一般认为，民主起始于古希腊雅典的克里斯提尼时代，准确地说，产生于公元前 508—前 507 年。也正是在这一时期，作为雅典民主制度最主要政治机构的公民大会确立了自己的绝对权威地位。此后，公民大会极其附属民主政治机构五百人议事会和公民陪审法庭开始成为城邦最主要的决策机关。公民大会决定城邦的一切重要事务。希波战争中海军的发展，使第四等级公民成为城邦政治的主要参加者，他们在城邦事务中发挥了越来越大的作用，也不断推动城邦民主向更深入的方向发展。厄菲阿尔特改革剥夺了城邦最后一个贵族堡垒贵族议事会，伯里克利实行津贴制则激发了广大贫穷公民的参政热情。

公元前 4 世纪的雅典经历了世界历史上发生于广大公民之中的最纯正的参与民主制。这一时期，作为民主制度最高国家权力机关的公民大会在召开程序、次数、职能等各方面已经走向制度化、法制化了。直到公元前 322 年马其顿国王亚历山大灭亡雅典为止。

公民大会作为城邦最高权力机构，在城邦外交、军事、财政、宗教等各个方面具有最后的决定权力。而五百人议事会、公民陪审法庭、贵族议事会等只是其附属机构。虽然陪审法庭在公元前 4 世纪的对公民大会起到了一定的制约作用，但是从根本上来说，公民大会仍然是国家的最高权力机构。

尽管雅典直接民主制度已经过去 2500 多年了，但是其对于现代社会来说，仍具有重大的理论意义和现实意义。民主在它产生以后的两千多年中，并没有像今天那样享有盛誉。在古希腊，哲学家和历史学家们，如柏拉图和亚里士多德等人，都把民主视为"暴民政治"或"愚民政治"。在英国"光荣革命"后，英国人也没有把自己的制度称为民主制度，而是称为代议制的责任政治。北美独立战争前后，美国宪法的奠基者们对民主制度也不看好，他们把自己的代议制度称为"共和国"以示与民主制度的区别。即使法国大革命的领袖们，似乎也在尽量避免使用民主制来标榜自己的政治理想。

本书并不否认民主的价值，只是认为我们当今有些过分崇拜民主。实际上民主也有其局限性。但在承认民主局限性的同时也需要承认，民主之所以成为今天的"世界潮流"，不仅是西方霸权的结果，也因为在一定的条件下，它确实可以具有独特的积极的作用。

在古代希腊，民主无论在观念上，还是在事实上，都体现为"全体人民的统治"，在雅典的民主政治中，所有城邦事务都由公民大会来决定，政府不过是一种由非职业官员所组成的"业余政府"。社会结构的分化和政治事务的日益复杂，使现代人不得不修改这种传统的民主观念。现代民主并非人民的"管理"和"统治"，而是一种保证由比较符合社会大多数成员意愿的"精英"人物来有效地管理社会事务的方式。根据这种观念，民主与专制的区别并不在于"多数统治"还是"少数统治"，而在于"少数"是否通过选举竞争而产生并受到多数的制约；人民的作用也并不在于亲自去管理社会事务、做出政治决定，而在于通过投票等多种政治参与的方式来影响政策制定者或政治统治者。法治意味着法的权威高于其他一切政治权威，意味着法律面前一切人或组织是平等的。那么，如何使手中握有无限权力的威权统治者接受法治呢？从这个角度来思考，假设我们有了民主，那么确实可以对不接受法治的当权者施加压力，甚至就是可以"换人做做看"。民主不等于法治，但却可以通过民主来实现法治。

因此民主并不是万能的，在今天我们更应该清醒地认识到，民主制度不是一剂万能药，包治百病。民主只是文明发展的结果之一，而非其原因。不管任何时候，只要存在合适的条件，民主就可以被独立地发明出来和重新发展起来。而且民主要有成效，就必须为不同的社会、不同的情况、不同的问题制定不同的规则。没有一种规则对于一切情况都是最合适的。

由于时间所限，本书只是考察了雅典城邦的公民大会，而对于公元前322 年之后希腊化时期、对斯巴达以及其它希腊世界城邦的公民大会都没有进行研究。罗马、中国和西亚等其它文明古国的对比研究也可以使我们更好地认识公民大会。但是由于能力和时间有限，这些只能留到以后去进行了。作为直接民主制度，近代对其研究最为学者所关注的是法国学者卢梭，刘伟在其《卢梭直接民主制理论的内在困境》中对卢梭直接民主制度进行了系统性的分析，对于我们了解近现代学者对于民主制度的研究乃至启示具有重要意义。

作为国家体制安排的直接民主制，是人类政治文明的一项伟大实践。在一定的历史时期和范围内有其存在的合理性，但它更主要的是存在着从政治实践到理论本身的根本局限性。直接民主制跃进到代议民主制不仅是西方政治运作的基础——经济、社会条件变化的客观要求，更证明了卢梭直接民主制理论的内在困境。

直接民主是相对于间接民主而言的一种民主形态，一般可将其理解为：统治者与被统治者的身份的重合，公民作为国家的主人直接参与管理公共事务，而不通过中间环节（如代表或政党组织）。其突出特点是"人民不间断地直接参与行使权力"①。实践中的直接民主有两个层次上的含义：一种指的是在具体问题上以直接民主的方式来做出决定，但是整个国家的主导制度仍然可能是间接民主。在具体问题上的直接民主只不过是一种补充。直接民主的另一种含义指的是整个国家在体制上的直接民主——它是直接民主制的内涵，例如雅典民主。从理论上对直接民主制推崇备至，并提出系统的论证和设计的政治思想家首推法国的卢梭；虽然就理论本身而言，他对近现代民主的发展作出了不可磨灭的巨大贡献，然而，卢梭对直接民主制论证和设计，从未在某个近现代国家身上得到过成功的实践。

1992 年，美国学者福山（Francis Fukuyama）提出了"历史终结论"，认为冷战结束并不仅意味着这场战争的结束，或者战后一段特殊历史时期的结束，而是历史的终结，标志着人类意识形态演进的终止和西方自由民主的普世化。简单地说，西方自由民主是人类最好的、也是最后的政体形式，不管哪一个社会最终都会走向这一政体形式。之前，生活在 18 至 19 世纪的黑格尔也提出过"历史终结论"，认为近代基于民族之上的国家形式（即民族国

---

① 升·萨托利：《民主新论》，冯克利、阎克文译，东方出版社 1998 年版，第 315 页。

家），是人类历史上可以拥有的最好也是最后的国家形式。同黑格尔一样，福山的"历史终结论"并未如其所愿。

尽管人们并不认同福山所宣称的"历史终结论"，但从20世纪过来的人总是带着一些那个世纪的理想而进入21世纪的，希望世界会变得（政治）民主、（经济）自由和（社会）平等。这并不是说，人们都会不切实际地幻想自己的国家变成西方，但人们的确期望自己的社会能够发展出具有自己特色的民主、自由和公正。不管各国是否有条件实现这些，或者是否在现实中享有这些，这些都已经成为普遍接受的价值。今天，就连最专制的社会，也不会否认这些自近代以来逐渐发展出来的价值观念。

19世纪，面对当时勃兴的民主政治，两位意大利社会学家莫斯卡和帕累托"反潮流"地提出了"精英政治理论"，对民主政治的前途给出了不同的答案。他们认为，不管什么样的政体（专制独裁、寡头、共和、民主等），所有社会的本质都是一样的，即总是由少数精英统治多数大众。这种精英政治理论不合时宜，被视为是为日后的意大利法西斯主义提供了理论基础，这两位社会学家的理论也自然被人们冷落了。

到了20世纪，民主的社会基础得到了实质性的扩展，更多的社会群体开始享有选举权。不过，20世纪40年代，哈佛大学经济学家熊彼特出版了《资本主义、社会主义与民主》一书，提出了"民主精英理论"，也认为民主政治并不改变一个社会结构的本质，任何社会永远是少数人统治多数人，社会永远是分化成统治者与被统治者、精英与大众的。

熊彼特批评了西方两百年间的主要民主理论，认为它们都是建立在不真实的、规范假设基础之上，都是空想，与事实完全脱节，民主理论更是不知道政治权力的真实来源。他自己提出了一个称之为"民主程序理论"或者"精英竞争式民主理论"，把民主界定为仅仅是产生统治者的一个过程。无论人民参与程度有多大，政治权力始终都在精英阶层中转让。

在精英统治时代，不管是民主还是专制，有三种制度具有普遍性：第一，精英（通过其所控制的国家机器）垄断暴力机器；第二，精英的意识形态占据统治地位，成为统治社会的"软力量"；第三，法律在统治社会的同时也在调节精英之间的关系。在专制社会，法律仅仅是统治社会的工具，而在民主社会，法律不仅仅是工具，而且立法者本身也服从法律，即"法治"。

在精英统治时代，精英的统治首先是为了他们自己的利益，不过，所有这些维护精英统治的制度具有扩散效应，利益扩散到不同的社会群体。例如，熊彼特认为，尽管民主只是精英之间竞争的一种制度（技术性）安排，但正因为精英之间的竞争，社会获得了选择的机会，也即参与政治的机会。

政治强人靠民粹主义上台。不过，进入21世纪以来，所有的情况都远远超出了这些20世纪理论家的预测。20世纪可以说是一个高度意识形态化的时代，西方与东方、民主与专制、自由与不自由等区分都是意识形态的结果。21世纪这些区分正在变得越来越不重要，甚至出现政治上的趋同现象。至少就实践来说，今天越来越多的国家，不管是民主政体还是非民主政体，是西方还是东方，强势政治人物纷纷登上政治舞台，并且他们所依靠的都是民粹主义。

所谓的民粹主义是和传统精英主义相对的，精英主义表现形式就是精英之间就统治社会达成共识，精英按照精英之间所达成的规则来统治，而民粹主义则表明统治阶层的一些精英"背叛"了本阶层的利益，直接诉诸民众。

不过，民粹主义在不同国家具有不同的基础。在土耳其，民粹主要表现在对宗教和传统帝国精神的复兴；在印度，主要表现在解放种姓制度和对外的民族主义；在俄罗斯，主要表现为传统帝国精神和对外民族主义；在美国，主要表现为白人至上主义和种族主义的复兴。民粹主义的基础发生怎样的变化取决于各国政治人物需要开发什么样的社会和文化资源。

民粹主义的崛起正在改变各国的政治格局。就政治来说，从传统精英民主时期的"间接民主"向当代的"直接民主"转型。凡是精英民主都是间接民主，间接民主（例如代议民主）的制度设计就是要预防民粹主义。但今天，因为精英之间已经难以达成共识，政治人物纷纷跳出精英小圈子直接诉诸大众。最明显的表现在各种公投上。公投名义上民主，但实际上是政治人物失去政治判断能力和政治责任感的结果。

在国内选举上，民粹主义更是表现得淋漓尽致，无论是西方还是非西方国家，今天的选举几乎可以和民粹画上等号。再者，民粹主义表明政治权力的基础是民众，民粹主义政治必然表现在统治者与现存体制和既得利益之间的矛盾和紧张关系。各国强势政治人物纷纷逃避现存体制制约，这一趋势并不难理解。这些政治人物不惜和现存体制公开对抗，通过自己组织的"非正式"权力机构来行使权力。

经济越来越成为左右政治的工具。民粹主义的经济又是怎样的呢？在西方，经济一直是被视为具有自治性，尽管也存在着政府的各种干预。因为是自治的，民粹主义很难影响到经济过程。在非西方的大多数国家，经济没有自治性，历来就是政治人物的统治工具。但进入21世纪以来，不管是东西方，经济越来越成为政治的工具。在一定程度上说，就其经济基础而言，民主开始从中产阶级民主向"无产阶级民主"转型。这里既有"政治无奈"的成分，也有理性的政治计算。在西方，因为福利社会的高成本和难以为继，传统精英政治下的中产阶级民主已经走到顶点。

在全球化状态下，西方的中产阶级规模正在缩小，越来越多的人向无产阶级转化，而政府则无能为力。不过，就政治计算来说，无产阶级似乎比中产阶级更有利于民粹主义。中产阶级寻求自治，但穷人则需要"救世主"，并且人越穷，就越需要一个强大的"救世主"。或者说，人民的贫穷成了民粹主义领袖的政治资源。俄罗斯是一个很好的典型。

结果，无论东西方，很多国家都出现了"牧民"或者"养民"的趋势。人工智能等技术的进步也为民粹主义领袖提供物质上的可能性，即老百姓即使不工作，通过人工智能等技术手段所产生的物质财富也能维持生活。可以预见，一旦各国政府放弃了追求社会公正（即解决巨大的收入差异问题）而转向"养民"社会，人们就告别了20世纪社会，而进入一个未知社会。不过，直到今天，还没有人预测过"养民"的严重后果。

更为重要的是，互联网和大数据技术已经为民粹主义政治提供了坚实可靠的技术手段。最近揭露出来的剑桥分析（Cambridge Analytica）是一个很好的案例。剑桥分析公司开发了个人性格测试程式，收集5000万名脸谱（Facebook）用户的隐私数据资料，用来选举分析和针对宣传用途。这件事情被揭露出来纯属偶然，因为Facebook是私人公司。如果Facebook是一家国有公司，情况就很不一样了。

当各国当政者掌握了这种技术手段，民众（投票人）不再是能够做出理性判断的个人（古典民主理论的假设），而仅仅是政治人物所操纵的对象。从美国到欧洲，从俄罗斯到印度，今天的民粹主义领袖能够如此有效地把握民众心理，和大数据技术的发展分不开。尽管人们用20世纪的道德和意识形态来评判技术，但类似的技术一旦产生，便不可避免地进入政治生活。大数据已经成为经济生活的主流，也已经成为政治生活主流的大趋势。如果传统政治是精英群体之间的政治，新政治必然是领袖操纵大众的政治。

如果民粹政府掌握经济和技术的趋势不能改变，21世纪会是怎样的一个时代呢？英国左派历史学家霍布斯鲍姆（Eric Hobsbawm）曾经写过很多有关"时代"的书，包括《革命时代：欧洲1789—1848年》《资本时代：1848—1875年》《帝国时代：1875—1914年》和《极端时代：短暂的20世纪，1914—1991年》。他去世之后，出版了一个题为《碎片时光：20世纪的文化与社会》的集子，反省了他所理解和经历的时代。霍布斯鲍姆一生经历了共产主义革命和西方的各种变革，最有资格来反思他那个时代。

他本身是典型的西方资本主义制度的产物，一生享受着资产阶级的生活方式，但同时他一生中也非常同情和支持共产主义，甚至对斯大林的激进政治抱理解的态度。他不相信西方传统上由少数主导的精英政治能够维持下去，认为苏联式的大众政治是人类的出路。

尽管他享受着资产阶级的文化，但他对此非常不满，倾心于平民文化。但是，他又深切感受到西方大众消费文化的痛楚，因为大众文化一出现，他一直享受着的精英文化便迅速消失。今天，从20世纪过来的人也有如霍布斯鲍姆的感觉，他们带着20世纪的价值观和世界观来到了21世纪，但发现21世纪是与他们固有的价值观和世界观背道而驰。

如果从负面意义上说，人们并不难称呼这个时代，可以称其为"幻灭的时代"，或者"失望的时代"，或者"梦飞的时代"。传统世界和传统价值观消失了，人们再也不能用传统的价值来看新世界了。19世纪80年代，面临一个不确定世界，尼采（Nietzsche）惊天动地地叫出了"上帝死了"的口号，呼吁人们放弃成见，勇敢地去迎接一个全新的世界。今天的人们是否也需要有这样的勇气来面对这个越来越不确定的世界呢？

主要参考文献

一、西文古典文献（劳易布古典丛书）

1. Aeschines, *Against Timarchus*, translated by C. D. Adams, 1919.

2. Aristophanes, *Ecclesiazusae*, translated by B. B. Rogers, 1924.

3. Aristotle, *Politics*, translated by H. Rackham, 1944.

4. Aristotle, *The Athenian Constitution*, translated by H. Rackham, 1952.

5. Demosthenes, *On the crown*, translated by J. H. Vince and C. A. Vince, 1939.

6. Demosthenes, *Against Medias*, translated by J. H. Vince, 1935.

7. Herodotus, *Histories*, translated by A. D. Godoey, 1922—1938.

8. Hesiod, *Works and Days*, translated By H. G. Evelyn, 1914.

9. Homer, *Iliad*, translated by A. T. Murry, 1924—1925.

10. Homer, *Odyssey*, translated by A. T. Murry, 1919.

11. Plato, *The Laws*, translated by R. G. Bury, 1926.

12. Plato, *Republic*, translated by R. G. Bury, 1935—1937.

13. Plutarch, *Parallel Lives*, translated by B. Perrin, 1914 — 1926.

14. Thucydides, *History of the Peloponnesian War*, translated by C. F. Smith, 1921—1930.

15. Xenophon, *Hellenica*, translated by C. L. Brownson, 1918—1921.

二、西文现代著作

16. Andrewes, A. *The Greek Tyrants*, New York, 1956.

17. Arnheim, M. T. W. *Aristocracy in Greek Society*, New York, 1977.

18. Austin, M. M. and V – Naquet, P. *Economic and Social History of Ancient Greece*, Los Angeles, 1997.

19. Barker, E. *Greek Political Theory*: *Plato and His Predecessors*, London, 1977.

20. Bury, J. B. and Meiggs, R. *A History of Greece*, Macmillan Press, 1981.

21. Dahl, R. A. *Democracy and its Critics*, New Haven: Yale University Press, 1989.

22. David Stockton, *The Classical Athenian Democracy*, Oxford University Press, 1991.

23. David, J. K. *Athenian propertied Families*, Oxford, 1971.

24. David, J. K. *Wealth and the Power of Wealth in Classical Athens*, New York, 1981.

25. Ehrenberg, V. *The greek State*, New York, 1964.

26. Finley, M. I. *The World of Odysseus*, Harmondsworth, 1962.

27. Finley, M. I. *Democracy Ancient and Modern*, London, 1973.

28. Finley, M. I. *The Use and Abuse of History*, London, 1975.

29. Finley, M. I. *Politics in the Ancient World*, Cambridge, 1983.

30. Fornara, C. W. and Samons, L. J. *Athens from Cleisthenes to Pericles*, Berkeley, 1991.

31. Forrest, W. G. *The Emergence of Greek Democracy*, London, 1966.

32. Freeman, K. *The Work and Life of Solon*, London, 1926.

33. Fustel de Coulanges, *The Ancient City*, Cloucester, 1979.

34. Glotz, G. *The Greek City*, London, 1929.

35. Gomme, A. W. *The Population of Athens in the Fifth and Fourth Centuries B. C.*, Oxford, 1933.

36. Hammond, N. G. L. *The Classical Age of Greece*, London, 1975.

37. Hammond, N. G. L. and H. H. Scullard, *The Oxford Classical Dictionary*. 2 nd. Clarendon Press, 1970.

38. Hammond, N. G. L. *A History of Greece* (third ed.), 1986.

39. Hansen, M. H. *The Athenian Assembly in the Age of Demosthenes*, Blackwell, 1987.

40. Hansen, M. H. *The Athenian Democracy in the Age of Demosthenes*, Blackwell, 1991.

41. Hesk, J. *Deception and Democracy in Classical Athens*, Cambridge, 2001.

42. Higgnet, C. *A History of the Athenian Constitution to the End of the Fifth Century B. C.*, Oxford, 1952.

43. Hornblower, S. &Spawforth, A. *The Oxford Classical Dictionary* 3rd *Edition*, London: The Oxford University Press, 1999.

44. John, M. C. *The Athenian Agora*, Thames and Hudson, 1986.

45. Jones, A. H. M. *Athenian Democracy*, Oxford, 1957.

46. Kagan, D. *Pericles of Athens and the Birth of Democracy*, New York, 1991.

47. Michael, J. *Pericles on Stage* , Austin, 1997.

48. Mitchell, L. G. *Greek Bearing Gifts*, Cambridge, 1997.

49. Moore, J. M. *Aristotle and Xenophon on Democrecy and Oligarchy*, London, 1975.

50. Ober, J. *Political Dissent in Democratic Athens*, Princeton, 1996.

51. Ober, J. *The Athenian Revolution* . Princeton, 1996.

52. Ober, J. *Mass and Elite in Democratic Athens*, Princeton, 1989.

53. Osborne, R. *Demos*: *The Discovery of Classical attiks*, Cambridge, 1985.

54. Rhodes, P. J. *The Athenian Boule*, Oxford, 1972.

55. Rhodes, P. J. *A Commentary on the Aristotelian Athenaion Politeia*, Oxford, 1981.

56. Roger Alain De Laix, *Probouleusis at Athen*, California, 1973.

57. Sinclair, R. K. *Democracy and Paticipation in Athens* , Cambridge, 1988.

58. Staveley, E. S. *Greek and Roman Voting and Elections* . London, 1972.

59. Starr, C. *Individual and Community*: *The Rise of the Polis* 800 – 500*B. C.* Oxford, 1986.

60. Starr, C. *The Birth of Athenian Democracy*: *the Assembly in the Fifth Century B. C.* , Oxford, 1990.

61. Ste. Croix, G. E. M. De. *The Class Struggle in the Ancient Greek*, London, 1981.

62. Wood, E. M. *Peasant Citizen and Slave*, *the Foundation of Athenian Democracy*, London, 1988.

63. Yunis, H. *Taming Democracy* , London, 1996.

三：英文论文

64. Andrews, A. 1977. "Kleisthenes′Reform bill," *Classical Quarterly* 27 (1933), pp. 241 – 248.

65. Andrews, A. 1978. "The Opposition to Perikles", *Journal of Hellenic Studies* 98, pp. 1 – 8.

66. Bloedow, E. F. "Why did Sparta Rebuff the Athenians at Ithome in 462 BC?" *Ancient History Bulletin* 14. 3 (2000), pp. 89 – 101.

67. Brock, R. "Athenian Oligarchs: The Numbers Game", JHS, CIX, 1989, pp. 160 – 164.

68. Brock, R. "The Emergence of Democratic Ideology," *Historia*, Band XL/2, 1991, pp. 160 – 169.

69. Buck, R. J. "The Sicilian Expedition," *Ancient History Bulletin* 2.4 (1988), pp. 73 – 79.

70. Burke, E. M. "Athens after the Peloponnesian War: Restoration Efforts and the Role of Maritime Commerce", *Classical Antiquity*, Vol. 9/No. 1, 1990, pp. 1 – 13.

71. Carl Newell Jackson, " The decree – seller in the birds, and the professional politicians at Athens " *Harvard Studies in Classical Philology*, 30(1919).

72. Chester G. Starr, "The Decline of The Early Greek Kings, "*Historia*, 1961, 10, pp. 129 – 138.

73. David Braund, " The Luxuries of Athenian Democracy," *Greece & Rome* 41 (1994), pp. 41 – 48.

74. David Whitehead, "Tradition and Originality: Aspects of Athenian Forensic Oratory in the Late Fifth and Early Fourth Centuries B. C. ," *Electronic Antiquity*, 7 (2003), pp. 1 – 15.

75. Douglas H. Kelly, "Athenian Popular Ideology," *Electronic Antiquity*, 1 (1994).

76. Ehrenberg, V. 1950. "Origins of Democracy," *Historia* 1, 515 – 548.

77. Finley. M. I, "Athenian Demagogues," *Past and Present*, 1962, 2, pp. 3 – 23.

78. French, A. "Pericles citizenship law," *Ancient History Bulletin* 8.3 (1994), pp. 71 – 75.

79. French, A. "Economic Conditions in Fourth – century Athens," *Greece and Roman*, Vol. 38, No. 1, 1991, pp. 24 – 40.

80. French, A. , " The Economic Background to Solon's Reforms," *The Classical Quarterly*, Vol. 6, No. 1/2.

81. George Willis Botsford , "The Trial of the Alcmeonidae and the Cleisthenean Constitutional Reforms," *Harvard Studies in Classical Philology*, Vol. 8 (1897), pp. 1 – 22.

82. Hansen, M. H. "Athenian Democracy: Inatitutions and Ideology," *Classical Philology*, 1989, V84, pp. 137 – 148.

83. Hansen, M. H. "The Duration of A Meeting of the Athenian Ecclesia," *Classical Philology*, 1979, V74, pp. 43 – 49.

84. Edward M. Harris, "How often did the Athenian Assembly Meet?" *The Classical Quarterly*, Vol. 36, No. 2(1986),363 – 377.

85. Edward M. Harris, "When did the Athenian Assembly Meet? Some new Evidence," *The American Journal of Philology*, Vol. 112, No. 3 (1991), pp. 325 – 341.

86. Kagan, D. 1963. "The Enfranchisement of Aliens by Cleisthenes," *Historia* 12, pp. 41 – 46.

87. Knox. R. A. 1985. "The Athenian Demos and Its Treatment of Politicians," *Greece and Rome*, V32, pp. 132 – 149.

88. Larsen, J. A. O. 1962. "A Notes On The Representation of Demes in The Athenian Boule," *Classical Philology* 57, pp. 105 – 108.

89. Lewis, D. 1963 . " Cleisthenes and Attica, "*Historia*, 12, pp. 22 – 40.

90. Lintott, A. "Aristotle and Democracy,"*Classical Quarterly*, 1992, 42, pp. 114 – 128.

91. Mabel Lang, "Allotment By Tokens,"*Historia*, 1959, 8, pp. 80 – 89.

92. Malcolm Heath, "Thucydides' Political Judgement," *Liverpool Classical Monthly* 15(1990), pp. 158 – 60.

93. Max Radin, "Freedom of Speech in Ancient Athens,"*The American Journal of Philology*, 48 (1927), 215 – 230.

94. Mccargar, D. 1976. " The Relative Date of Kleisthenes' legislation,"*Historia* 25, pp. 385 – 395.

95. Meger, Elizabeth. 1993. "Epitaphs and Citizenship in Classical Athens,"*Journal of Hellenic Studies*, 113, pp. 99 – 121.

96. Milns, R. D. "Historical Paradigmsin Demosthenes' Public Speeches,"*Electronic Antiquity*, 2 (1995).

97. Mirhady, D. " The Ritual Background of Athenian Ostracism," *Ancient History Bulletin*, 11. 1 (1997), pp. 13 – 19.

98. Oliver, J. H. "The Reform of Cleisthenes," *Historia* 9 (1960), 503 – 507.

99. Ste. Croix, G. E. M. De. 1975. "Political pay outside Athens," *Classical Quarterly* 25, pp. 48 – 52.

100. Rhodes, P. J. 1979. "Eisangelia in Athens," *Journal of Hellenic Studies*, 99, pp. 103 – 114.

101. Rhodes, P. J. 1985. "Nomothesia in Fourth – century Athens," *Classical Quar-*

terly 35, pp. 55 – 60.

102. Rhodes, P. J. 1986. "Politics Activity in Classical Athens," *Journal of Hellenic Studies*, 106, pp. 132 – 144.

103. Robert, J. Buck, "The Reform of 487 B. C. in the Selection of Archons," *Classical Philology*, 1965, 60, pp. 96 – 101.

104. Rowe, C. J. " Killing Socrates: Plato's later Thoughts on Democracy," JHS, Vol. CXXI, 2001, pp. 63 – 76.

105. Sealey, R. "Ephialtes," *Classical Philology*, 1964, 59, pp. 11 – 21.

106. Sealey, R. "Regionalism in Archaic Athens," *Historia*, 1960, 9, pp. 155 – 175.

107. Sealey, R. "Athenian Citizenship," *Ancient History Bulletin* 5. 3 (1991), pp. 75 – 80.

108. Strauss, B. S. " Athenian Democracy: Neither Radical, Extreme, nor Moderate," *Ancient History Bulletin* 1. 6 (1987), pp. 127 – 129.

109. Strauss, B. S. "The Cultural Signifance of Bribery and Embezzlement in Athenian Politics," *Ancient world*, 11 (1985).

110. Tacon, J. "Ecclesiastic Thorubos: Interventions, and Popular Involvement in the Athenian Assembly," *Greece & Rome*, Vol. 48, No. 2, October 2001.

111. Tritle, L. A. " Continuity and Change in the Athenian Strategia, " *Ancient History Bulletin* 7. 3 – 4 (1993), pp. 125 – 129.

112. Walbank, M. B. "Busy days in the Athenian Ekklesia," *Ancient History Bulletin* 2. 3 (1988), pp. 57 – 59.

113. William. W. Goodwin, "The Relation of the Proedroi to the Prutaneeis in the Athenian Senate," *Transactions of the American Philological association* (1869 – 1896), Vol. 16 (1885).

114. Whitehead, D. " The Tribes of Thirty Tyrants, " JHS, Vol. C, 1980, pp. 208 – 213.

四、中文专著

115. A. 安德鲁斯: 《希腊僭主》, 钟嵩译, 马香雪校, 商务印书馆 1997 年版。

116. P. 安德森:《从古代到封建主义的过渡》, 郭方、刘健译, 上海人民出版社 2001 年版。

117. 杜平:《古希腊政体与官制史》,湖南师范大学出版社 2001 年版。

118. 威尔·杜兰:《世界文明史》(卷二:希腊的生活),(台湾)幼狮文化公司译,东方出版社 1998 年版。

119. 厄奈斯特·巴克:《希腊政治理论:柏拉图及其前人》,吉林人民出版社 2003 年版。

120. 包利民:《生命与逻各斯:希腊伦理思想史论》,东方出版社 1996 年版。

121. 顾准:《希腊城邦制度》,贵州人民出版社 1994 年版。

122. 郭小凌:《克里奥的童年——古典西方史学》,辽宁大学出版社 1994 年版。

123. 古朗士:《希腊罗马古代社会研究》,李玄伯译,上海文艺出版社 1990 年版。

124. 郝际陶:《古代希腊研究》,东北师范大学出版社 1994 年版。

125. 赫西俄德:《工作与时日 神谱》,商务印书馆 1997 年版。

126. 亨廷顿:《第三波——20 世纪后期民主化浪潮》,刘军宁译,上海三联书店 1998 年版。

127. 基托:《希腊人》,徐卫翔、黄韬等译,上海人民出版社 1998 年版。

128. 刘家和、廖学盛主编:《世界古代文明史研究导论》,高等教育出版社 2001 年版。

129. 刘家和:《世界上古史》,吉林文史出版社 1991 年版。

130. 刘家和、王敦书:《世界史—古代史编》,高等教育出版社 1994 年版。

131. 罗念生、王焕生:《荷马史诗》,人民文学出版社 1998 年版。

132. 普鲁塔克:《希腊罗马名人传》上册,黄宏煦主编,商务印书馆 1990 年版。

133. 顾颉刚:《与钱玄同先生论古史书》,《古史辨》,上海古籍出版社 1982 年版。

134. 色诺芬:《回忆苏格拉底》,吴永泉译,商务印书馆 1997 年版。

135. 任寅虎、张振宝:《古代雅典民主政治》,商务印书馆 1983 年版。

136. 施治生、郭方主编:《古代民主与共和制度》,中国社会科学院出版社 1998 年版。

137. 宋慧娟:《古代雅典民主政治》,吉林大学出版社 1999 年版。

138. 希罗多德：《历史》，王以铸译，商务印书馆 1985 年版。

139. 修昔底德：《伯罗奔尼撒战争史》，谢德风译，商务印书馆 1997 年版。

140. 维柯：《新科学》，商务印书馆 1997 年版。

141. 吴于廑、齐世荣主编：《世界史：古代史编》（上卷），高等教育出版社 1994 年版。

142. 韦尔南、让－皮埃尔：《希腊思想的起源》，秦海鹰译，三联书店 1996 年版。

143. 戴维·米勒、韦农·波格丹诺编：《布莱克维尔政治学百科全书》，邓正来等译，中国政法大学出版社 1992 年版。

144. 晏绍祥：《古典历史研究发展史》，华中师范大学出版社 1999 年版。

145. 亚里士多德：《雅典政制》，日知、力野译，商务印书馆 1978 年版。

146. 亚里士多德：《政治学》，吴寿彭译，商务印书馆 1997 年版。

147. 裔昭印：《古希腊的妇女》，商务印书馆 2001 年版。

148. 约翰·邓恩编：《民主的历程》，林猛等译，吉林人民出版社 1999 年版。

149. 中西古典文明研究编写组：《中西古典文明研究——庆祝林志纯教授 90 华诞论文集》，吉林人民出版社 1999 年版。

五、中文论文

150. 蔡连增：《论公元前四世纪雅典陪审法庭的政治权利》，《厦门大学学报》1997 年第一期。

151. 蔡连增：《论陶片放逐法的内容和起源》，《东北师大学报》1994 年第二期。

152. 陈唯声：《古代雅典的民主政治》，《北方论丛》1981 年第三期。

153. 杜平：《雅典由盛而衰转折时期的农民社会心理》，《南都学坛》2002 年第三期。

154. 顾銮斋：《论雅典奴隶制民主政治的形成》，《历史研究》1996 年第四期。

155. 顾銮斋：《谈雅典奴隶制民主政体创立问题的研究》，《齐鲁学刊》1998 年第三期。

156. 郭小凌：《梭伦改革辨析》，《世界历史》1989 年第六期。

157．郭小凌：《希腊军制变革与城邦危机》，《世界历史》1994 年第六期。

158．郭小凌：《古希腊作家的民主价值观》，《史学理论研究》1998 年第一期。

159．郭小凌：《古代世界的奴隶制和近现代人的诠释》，《世界历史》1999 年第六期。

160．郭小凌：《论雅典民主政治的主要社会基础》，《史学论衡》第四辑。

161．郭小凌：《古代的史料和世界古代史》，《史学理论研究》2001 年第二期。

162．郭长刚：《试论荷马社会的性质》，《史林》1999 年第二期。

163．胡长林：《雅典民主政治的文化背景》，《西南师范大学学报》1992 年第一期。

164．黄洋：《雅典民主政治新论》，《世界历史》1994 年第一期。

165．黄洋：《古代希腊土地私有制的确立与城邦制度的形成》，《复旦学报》1995 年第一期。

166．黄洋：《试论荷马社会的性质与早期希腊国家的形成》，《世界历史》1997 年第四期。

167．黄洋：《希腊城邦的农业特征》，《历史研究》1996 年第四期。

168．黄洋：《希腊城邦的公共空间与政治文化》，《历史研究》2001 年第五期。

169．黄洋：《民主政治诞生 2500 年?》，《历史研究》2002 年第六期。

170．乐夫：《论古代雅典民主政治的权力制约机制》，《江海学刊》1990 年第二期。

171．廖学盛：《试论古代雅典民主产生的条件》，《世界历史》1997 年第二期。

172．廖学盛：《古代雅典民主政治的确立和阶级斗争》，《世界历史》1989 年第六期。

173．廖学盛：《古代雅典的民主和工商业》，《中国社会科学院研究生院学报》1988 年第五期。

174．廖学盛：《外国史学界对雅典民主问题的研究》，《世界史研究动态》1986 年第二期。

175．廖学盛：《喜剧讽刺和古典时代雅典的言论自由》，《世界史研究动态》

1992 年第四期。

176．刘家和：《论古代的人类觉醒》，《北京师范大学学报》1989 年第五期。

177．刘家和：《历史的比较研究与世界历史》，《北京师范大学学报》1996 年第五期。

178．刘文泰：《雅典民主与雅典帝国的形成及其相互关系》，《南都学坛》1994 年第二期。

179．刘文泰：《论西蒙》，《南都学坛》1997 年第五期。

180．刘文泰：《论贝壳放逐法》，《南都学坛》2001 年第二期。

181．蒋云芳：《雅典民主政治的特征及对西方民主的影响》，《西南师范大学学报》1999 年第一期。

182．裴雯：《古典时代雅典的经济特征》，《复旦学报》1998 第五期。

183．施治生：《试论古代的民主和共和》，《世界历史》1997 年第一期。

184．松涛：《试论梭伦改革的历史地位》，《南充师院学报》1985 年第四期。

185．宋慧娟：《试评伯里克利的历史作用》，《史学集刊》1998 年第二期。

186．徐松岩：《公元前 4 世纪雅典城邦危机及其特点》，《湖南教育学院学报》1998 年第三期。

187．晏绍祥：《国外雅典民主起源研究综述》，《华中师范大学学报》1989 年第二期。

188．晏绍祥：《西方学者对梭伦改革的研究》，《世界史研究动态》1992 年第七期。

189．晏绍祥：《近二十年来英美古希腊史研究的若干趋势》，《世界历史》2000 年第二期。

190．晏绍祥：《雅典首席将军考辨》，《历史研究》2002 年第二期。

191．晏绍祥：《20 世纪的古代希腊经济史研究》，《史学理论研究》1998 年第四期。

192．晏绍祥：《荷马史诗中的公民大会及其政治作用》，《华中师范大学学报》2000 年第六期。

193．晏绍祥：《〈古典民主政体论〉读后》，《世纪历史》1993 年第六期。

194．晏绍祥：《荷马史诗中关于政治领袖的术语》，《华中师范大学学报》2002 年第一期。

195．晏绍祥：《荷马时代巴赛列斯的权力基础》，《史学集刊》2002 年第四期。

196．晏绍祥：《民主还是暴政——希腊化时代与罗马时代思想史中的雅典民主问题》，《世界历史》2004 年第一期。

197．易建平：《部落联盟模式与希腊罗马早期社会权利结构》，《世界历史》2000 年第六期。

198．易建平：《论古代非专制政治地区发展的差异》，《历史研究》1998 年第六期。

199．尹明明、鲁运庚：《雅典民主政治中的公职津贴制》，《历史教学》1999 年第六期。

200．周洪祥：《雅典远征西西里正误辨析》，《北方论丛》2005 年第二期。

后 记

《古代雅典公民大会研究》是我个人的第一本学术专著，是在我博士学位论文基础上修订而成的。以古代雅典公民大会作为选题源于在 2002 年北师大攻读博士学位的时候，当时由于刚刚从亚述学转而学习古代希腊史，对诸多领域都不熟悉，只好求助于我的导师郭小凌先生，恰好上一届的崔丽娜师姐论文写五百人议事会，郭老师建议我写公民大会，对雅典民主政治机构进行专门研究，组成一个系列。

经过三年努力，虽然最终通过了博士论文答辩，顺利毕业，但是由于学习古希腊史时间短，加之自己能力有限，所以论文存在很多不足之处。毕业后辗转到了广东潮州韩山师范学院工作，南方舒适的气候，潮州的美食，小学校较小的科研压力，尤其是自己的懈怠，导致学术研究在 2009 年评上副教授之后多年几乎没有任何进步。

2018 年学校得到广东省冲补强专项资金支持，韩山师范学院历史文化学院的专门史是省级优势重点学科，获得出版资金支持。我将博士论文进行了修订，修改了诸多错误后，交出版。

回顾自己求学及工作经历，一直能够遇到贵人相助。1997 年考取东北师范大学世界古典文明史研究所亚述学研究生，得到了国内亚述学家吴宇虹老师的关照，之后考取北京师范大学历史学院又得入国内古代希腊史著名学者郭小凌老师门下。两位老师改变了我的人生，怎么感激也不为过。

感谢我的同门的诸位师兄弟姐妹无私的帮助。

感谢韩山师范学院历史文化学院陈海忠院长大力支持，使我的著作能够获得冲补强专项出版资金资助。

感谢妻子王晓辉多年来对我学术科研工作的大力支持。

周洪祥

于广东潮州

责任编辑：邵永忠
封面设计：源　源

图书在版编目（CIP）数据

古代雅典公民大会研究／周洪祥 著.—北京：人民出版社，2019.11
（2020.6 重印）
ISBN 978 - 7 - 01 - 020701 - 8

Ⅰ．①古…　Ⅱ．①周…　Ⅲ．①民主—政治制度史—研究—古希腊
Ⅳ．①D754.59

中国版本图书馆 CIP 数据核字（2019）第 076515 号

古代雅典公民大会研究
GUDAI YADIAN GONGMIN DAHUI YANJIU

周洪祥　著

人民出版社出版发行

（100706　北京市东城区隆福寺街 99 号）

天津文林印务有限公司印刷　新华书店经销

2019 年 11 月第 1 版　2020 年 6 月北京第 2 次印刷

开本：710 毫米×1000 毫米 1/16　印张：12

字数：180 千字

ISBN 978 - 7 - 01 - 020701 - 8　定价：45.00 元

邮购地址　100706　北京市东城区隆福寺街 99 号

人民东方图书销售中心　电话（010）65250042　65289539